An Empirical Study on
the Comprehensive Evaluation of Tourist Satisfaction
in Mountain Scenic Areas in Anhui Province

安徽省山岳型风景区游客满意度综合评价实证研究

赵娟 著

中国科学技术大学出版社

内 容 简 介

本书是课题"旅游业供给侧改革背景下安徽省山岳型风景区游客满意度综合评价实证研究"的研究成果。以调查问卷的方式,采用统计手段,针对安徽省山岳型风景区,特别是黄山风景区,做了认真的调查,形成了一定的结论,对安徽省旅游产业发展有一定的助益。

图书在版编目(CIP)数据

安徽省山岳型风景区游客满意度综合评价实证研究/赵娟著. —合肥:中国科学技术大学出版社,2023.5

ISBN 978-7-312-05569-0

Ⅰ.安… Ⅱ.赵… Ⅲ.旅游区—顾客满意度—综合评价—研究—安徽 Ⅳ.F592.754

中国国家版本馆 CIP 数据核字(2023)第 027149 号

安徽省山岳型风景区游客满意度综合评价实证研究
ANHUI SHENG SHANYUE XING FENGJINGQU YOUKE MANYIDU ZONGHE PINGJIA SHIZHENG YANJIU

出版	中国科学技术大学出版社 安徽省合肥市金寨路 96 号,230026 http://press.ustc.edu.cn https://zgkxjsdxcbs.tmall.com
印刷	江苏凤凰数码印务有限公司
发行	中国科学技术大学出版社
开本	710 mm×1000 mm　1/16
印张	11
字数	194 千
版次	2023 年 5 月第 1 版
印次	2023 年 5 月第 1 次印刷
定价	48.00 元

序　言

在 2018 年 5 月 18 日召开的全国生态环境保护大会上,中共中央总书记、国家主席、中央军委主席习近平发表重要讲话,他指出:"要通过加快构建生态文明体系,确保到 2035 年,生态环境质量实现根本好转,美丽中国目标基本实现。到本世纪中叶,物质文明、政治文明、精神文明、社会文明、生态文明全面提升,绿色发展方式和生活方式全面形成,人与自然和谐共生,生态环境领域国家治理体系和治理能力现代化全面实现,建成美丽中国。"此外,习近平主席在"一带一路"国际合作高峰论坛上也强调,将"一带一路"建成和平、繁荣、开放、创新、文明之路。而旅游外交以其独特的综合优势,已走向国家外交前沿,在"一带一路"倡议中,旅游应当而且可以大有作为。旅游市场的"大蛋糕"该怎样做好？2016 年 1 月 1 日,国务院副总理汪洋在国务院旅游工作部际联席会议第三次全体会议上说,当前我国居民消费步入快速转型升级的重要阶段,旅游业正迎来黄金发展期,同时旅游业也处于矛盾凸显期,旅游产品供给跟不上消费升级的需求,政府管理和服务水平跟不上旅游业快速发展的形势。对此,如何全面提升旅游业发展质量,如何积极营造良好的旅游环境,让广大游客游得放心、游得舒心、游得开心,成为我们当下需要重点考虑的问题。安徽省有举世闻名的黄山,还坐拥天柱山、九华山、齐云山、琅琊山等名山。《安徽省国民经济和社会发展第十三个五年规划纲要》中特别提出要创建大黄山国家公园。黄山位于中国安徽南部,是中国的山岳型风景区之一,1985 年入选全国十大风景名胜区,1990 年被联合国教科文组织列入《世界文化与自然遗产名录》,2004 年入选世界地质公园名录。全面提升安徽省山岳型风景区游客的满意度,对促进大黄山国家公园的创建,全面提升安徽省山岳型风景区旅游综合服务质量,从而实现"绿水青山就是金山银山"的理念,走生产发展、生活富裕、生态良好的文明发展道路,进而促进安徽省融入"长三角"具有重要的现实意义。

本书在调查、出版等方面得到了安徽省教育厅人文社科重大项目"旅游业供给侧改革背景下安徽省山岳型风景区游客满意度综合评价实证研究"(SK2019ZD55)和合肥学院应用数学与人工智能机理研究重点实验室的经费资助。

赵 娟

2022年8月

目　　录

序言 ··· (i)

第1章　绪论 ··· (1)
 1.1　研究背景 ··· (1)
  1.1.1　国际旅游业发展现状 ······································ (2)
  1.1.2　我国旅游业发展现状 ······································ (4)
  1.1.3　安徽省旅游发展潜力巨大 ································ (7)
 1.2　研究意义 ··· (9)
  1.2.1　理论意义 ··· (9)
  1.2.2　现实意义 ··· (10)
 1.3　研究内容和研究方法 ·· (14)
  1.3.1　研究内容 ··· (14)
  1.2.2　研究方法 ··· (15)
 1.4　本书研究的创新点 ··· (17)
  1.4.1　研究内容的创新 ··· (17)
  1.4.2　研究方法的创新 ··· (17)

第2章　相关理论基础与文献综述 ······································· (18)
 2.1　文献综述 ··· (19)
  2.1.1　游客感知研究相关文献 ···································· (19)
  2.1.2　游客感知价值 ·· (21)
  2.1.3　游客行为意向 ·· (21)
 2.2　理论基础 ··· (22)
  2.2.1　游客感知价值理论 ·· (22)
  2.2.2　行为意向理论 ·· (23)

2.2.3 产品创新理论 …………………………………………（24）
2.3 定量方法简介 ……………………………………………（24）
  2.3.1 回归分析 …………………………………………（24）
  2.3.2 方差分析 …………………………………………（24）
  2.3.3 层次分析法 ………………………………………（25）
  2.3.4 结构方程模型 ……………………………………（29）
  2.3.5 IPA 分析理论 ……………………………………（34）
2.4 本章小结 …………………………………………………（35）

第 3 章 研究设计与数据获取 ……………………………………（36）
3.1 调查数据的获取 …………………………………………（36）
  3.1.1 调查方案设计 ……………………………………（36）
  3.1.2 调查问卷设计 ……………………………………（38）
  3.1.3 调查执行与问卷数据搜集 ………………………（38）
  3.1.4 问卷数据审核整理 ………………………………（39）
3.2 基础数据说明 ……………………………………………（40）
  3.2.1 样本人口学特征统计情况 ………………………（40）
  3.2.2 样本旅游偏好统计情况 …………………………（43）
  3.2.3 网络爬取评论情况 ………………………………（45）
  3.2.4 游客人口统计学特征对各满意度的影响差异分析 …（49）
  3.2.5 旅游偏好对游后行为意向的影响差异分析 ……（55）
3.3 本章小结 …………………………………………………（60）

第 4 章 黄山风景区游客满意度评价实证研究 …………………（61）
4.1 黄山风景区概况 …………………………………………（61）
4.2 黄山风景区智慧旅游公共服务系统发展现状 …………（62）
  4.2.1 智慧旅游公共服务体系研究概述 ………………（63）
  4.2.2 黄山市智慧旅游公共服务体系内容 ……………（63）
  4.2.3 黄山市智慧旅游公共服务系统现状 ……………（64）
  4.2.4 黄山市智慧旅游公共服务建设面临的挑战 ……（65）
4.3 黄山风景区游客心理容量与影响因素研究 ……………（66）
  4.3.1 游客心理容量模型的构建与求解 ………………（66）

4.3.2　游客心理容量与游客属性关系的研究 …………………………（68）
　　4.3.3　小结 ………………………………………………………………（87）
4.4　黄山风景区游客满意度结构方程模型 ……………………………………（87）
　　4.4.1　模型设定 …………………………………………………………（88）
　　4.4.2　数据搜集与信度检验 ……………………………………………（89）
　　4.4.3　游客满意度分析 …………………………………………………（91）
　　4.4.4　模型修正 …………………………………………………………（92）
　　4.4.5　结果分析 …………………………………………………………（96）
4.5　基于IPA分析的黄山风景区康养旅游满意度研究 ………………………（97）
　　4.5.1　黄山风景区康养旅游资源 ………………………………………（97）
　　4.5.2　康养旅游市场 ……………………………………………………（98）
　　4.5.3　康养旅游产品 ……………………………………………………（99）
　　4.5.4　满意度指标体系的设计 …………………………………………（100）
　　4.5.5　重要性和满意度分析 ……………………………………………（102）
　　4.5.6　现状及原因分析 …………………………………………………（109）

第5章　黄山风景区发展对策与建议 ……………………………………………（114）

附录1　黄山风景区游客满意度研究抽样调查问卷 ……………………………（119）

附录2　安徽省"十四五"旅游业发展规划 ……………………………………（125）

参考文献 …………………………………………………………………………（164）

第 1 章 绪　　论

旅游可以看作后工业社会最卓越产品的例子。近年来,随着世界旅游业的迅速发展,旅游业已成为当今世界规模最大、发展最快、关联最广的综合性产业,是促进经济发展、推动国家交往的重要途径之一[1]。世界旅游业的发展,有利于加强人与人之间的沟通,构建人类命运共同体。安徽省有举世闻名的黄山,还坐拥天柱山、九华山、齐云山、琅琊山等名山。近年来,每年都有数以亿计的国内外游客到安徽旅游。本书研究围绕举世闻名的黄山展开,其目的在于通过对游客的调查,抓住旅游业供给侧改革这个契机,建立合理的安徽省山岳型风景区游客满意度评价体系,找出游客不满意的主要因素,以期提出应对之策,全面提升安徽省山岳型风景区游客的满意度,促进大黄山国家公园的创建,从而全面提升安徽省山岳型风景区旅游综合服务质量。作为研究的开始,本章对研究背景、研究意义、研究目的、研究内容、研究方法等进行阐述。

1.1 研 究 背 景

改革开放以来,我国政府高度重视旅游业的发展,我国也实现了从旅游短缺型国家到旅游大国的历史性跨越。在 2018 年 5 月 18 日召开的全国生态环境保护大会上,中共中央总书记、国家主席、中央军委主席习近平发表重要讲话,他指出:"要通过加快构建生态文明体系,确保到 2035 年,生态环境质量实现根本好转,美丽中国目标基本实现。到本世纪中叶,物质文明、政治文明、精神文明、社会文明、生态文明全面提升,绿色发展方式和生活方式全面形成,人与自然和谐共生,生态环境领域国家治理体系和治理能力现代化全面实现,建成美丽中国。"此外,习近平主席在"一带一路"国际合作高峰论坛上也强调,将"一带一路"建成和平、繁荣、开放、创新、文明之路。而旅游外交以其独特的综合优势,已走向国家外交前沿,在"一带一路"倡议中,旅游应当而且可以大有作为。2017年,相关部门曾测算,"十三五"期间,我国预计将为"一带一路"沿线国家和地区输送1.5亿人次游客、2000亿美元旅游消费,同时我们还将吸引沿线国家和地区8500万人次游客来华旅游,拉动旅游消费约1100亿美元。"十三五"规划在构建产业新体系中明确指出,"开展加快发展现代服务业行动""大力发展旅游业",这是国家在产业发展和培育中的指导思想。"十二五"期间,"旅游+"、"厕所革命"、投资与消费新政等诸多举措充实了中国旅游业发展的大格局,也为"十三五"期间旅游的发展奠定了良好的基础。"十三五"期间,上演的是一场以"创新、协调、绿色、开放、共享"为核心理念的旅游领域改革发展大戏,这就是旅游业供给侧改革。"供给侧改革"屡屡在国家层面被提及,那它和旅游有何关系?旅游市场的"大蛋糕"该怎样做好?时任国务院副总理汪洋在国务院旅游工作部际联席会议第三次全体会议上曾说,当前我国居民消费步入快速转型升级的重要阶段,旅游业正迎来黄金发展期,同时旅游业也处于矛盾凸显期,旅游产品供给跟不上消费升级的需求,政府管理和服务水平跟不上旅游业快速发展的形势。对此,如何全面提升旅游业发展质量,如何积极营造良好的旅游环境,让广大游客游得放心、游得舒心、游得开心,成为我们当下需要重点考虑的问题。安徽省有举世闻名的黄山,还坐拥天柱山、九华山、齐云山、琅琊山等名山。《安徽省国民经济和社会发展第十三个五年规划纲要》中特别提出要创建大黄山国家公园。本书研究围绕举世闻名的黄山展开,研究旅游景区如何满足游客的个性化需求、适应时代的发展,准确把握游客出游特征和需求,深化供给侧改革与创新,积极创建大黄山国家公园,努力形成统一、规范、高效的管理体制和保护机制,使自然资源产权归属更加明晰,保护和利用更加高效,从而形成可复制、可推广的保护管理模式。

1.1.1 国际旅游业发展现状

1. 全球旅游业在波动中稳步提升

随着经济全球化和世界经济一体化,越来越多的国家和地区通过发展旅游业,增加了就业机会、出口额,也促进了基础设施的改善,旅游业成为社会经济发展的主要动力。自2008年世界金融危机以来,全球旅游业经历了持续扩张及多元化过程,成为世界上最大和增长最快的经济部门。旅游业由于具有敏感性和脆弱性的特点,极易受全球经济、政治、文化及自然灾害的影响,尤其是近些年来,由于剧烈的汇率波动、石油等商品价格的下降及全球安全的不确定性等因素影响,旅游业受到一定冲击,但是世界旅游业在波动中仍然保持稳步上升的态势,展示出旅游行业极大的韧性。旅游业对全球经济发展贡献突出。

2020年1月8日,世界旅游城市联合会(WTCF)与中国社会科学院旅游研究中心在京共同发布了《世界旅游经济趋势报告(2020)》。报告指出,2019年全球旅游总人次(包括国内旅游人次和入境旅游人次)为123.10亿人次,全球旅游总收入(包括国内旅游收入和入境旅游收入)为5.8万亿美元,相当于全球GDP的6.7%。全球入境旅游收入与国内旅游收入波动趋势放缓,有望实现"五连增"。

2. 全球国际游客规模不断壮大

近些年来,从世界范围来看,国际旅游人次持续上升。联合国世界旅游组织(UNWTO)数据显示,2019年全球旅游总人次(包括国内旅游和入境旅游)为14亿,较上年增长4.6%(见图1.1),与2010~2020年国际旅游人次增长率保持在每年3.8%左右的目标一致。联合国世界旅游组织预测,全球旅游业将持续升温,到2030年,国际旅游人次将达到18.09亿(见图1.2)。2019年全球旅游收入达到5.8万亿美元。全球旅游总收入增速显著高于全球GDP增速,成为全球经济复苏的主要动力。

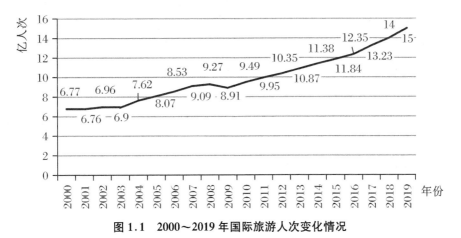

图1.1　2000~2019年国际旅游人次变化情况

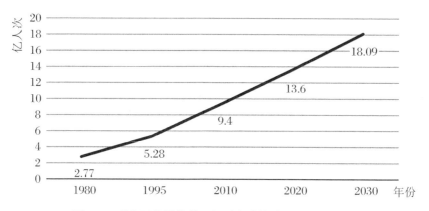

图1.2　联合国世界旅游组织对全球旅游业发展的预测

3．国际非政府旅游组织积极推动旅游业国际合作

李克强总理指出，旅游业的发展既要发挥政府作用推进合作，也要发挥民间力量，用好全球旅游业界的智慧与资源禀赋。为促进旅游业的可持续发展，国际非政府旅游组织付出了巨大努力。2017年9月，由中国发起的第一个全球性、综合性、非政府、非营利国际旅游组织——世界旅游联盟（WTA）正式成立，作为重要的国际旅游组织、全球旅游治理体系的重要力量，联盟的成立是国际旅游业界的一大盛事，是世界旅游发展史上的重要里程碑之一，必将载入中国乃至世界旅游发展史册。时任国家旅游局国际司司长刘士军认为："参与国际旅游规划的制定，有利于推动中国旅游业标准走出去，有利于提升中国在世界旅游业的话语权和影响力。"

1.1.2　我国旅游业发展现状

1．我国成为全球最大旅游消费国

随着我国经济在世界经济发展中的崛起，国民消费水平显著提高，我国公民旅游显示出极大的潜力，是带动世界旅游业持续发展的重要引擎。中国已连续多年蝉联全球最大旅游消费国，2018年，联合国世界旅游组织（UNWTO）指出，中国游客在国外的全年消费增长5.2%。例如，2018年来自中国的游客在国外花费2773亿美元，这甚至是排名第二的美国（1444亿美元）的近2倍（见图1.3）。中国对全球旅游收入年平均贡献率超过14%，带动了如日本、泰国等亚洲地区及欧洲许多国家的旅游业发展。

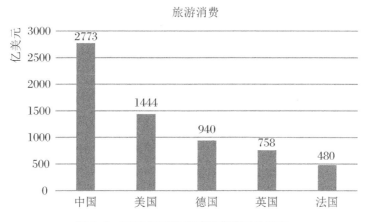

图 1.3　2018 年国际旅游消费前五位国家

2. 我国旅游综合实力显著提升

2019 年,旅游经济继续保持高于 GDP 增速的较快增长(见图 1.4),国内旅游市场和出境旅游市场稳步增长,入境旅游市场基础更加稳固。全年,国内旅游60.06 亿人次,比上年同期增长 8.4%;入出境旅游 3.0 亿人次,同比增长 3.1%;实现旅游总收入 6.63 万亿元,同比增长 11%。旅游业对 GDP 的综合贡献为10.94 万亿元,占 GDP 总量的 11.05%。旅游直接就业 2825 万人,间接就业5162 万人,共占全国就业总人口的 10.31%。2015 年,我国入境旅游收入就居全球第二位,仅次于美国;2019 年入境旅游 1.45 亿人次,比上年同期增长 2.9%,入境旅游收入 1313 亿美元,比上年同期增长 3.4%。

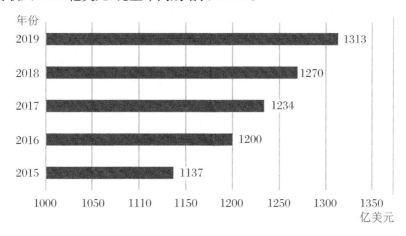

图 1.4　2015～2019 年入境旅游收入走势

2019年9月4日,世界经济论坛(WEF)官网发布了《2019年旅游业竞争力报告》,报告显示,中国在全球旅游业竞争力榜单中排名第13位(见表1.1),比上一次报告发布时提升了2位。世界经济论坛的旅游业竞争力报告每两年发布一次,以全球140个国家和地区为对象,参考的因素包括旅游环境(商业环境、安全程度、健康等)、旅游政策和条件(旅游业优先级、国际化程度、价格竞争力、环境可持续性)、基础设施(航空基础设施、地面和港口交通、旅游服务设施)。报告分析认为,在中国的各项竞争力指标中,独特的自然和人文旅游资源得分非常突出。其他优势还包括酒店价格较低,旅游税少,这有助于降低在中国旅游的成本。

表1.1 2019年旅游业竞争力世界排名前20位国家或地区

国家或地区	全球排名	名次波动
西班牙	1	0
法国	2	0
德国	3	0
日本	4	0
美国	5	1
英国	6	-1
澳大利亚	7	0
意大利	8	0
加拿大	9	0
瑞士	10	0
奥地利	11	1
葡萄牙	12	2
中国	13	2
中国香港	14	-3
荷兰	15	2
韩国	16	3
新加坡	17	-4
新西兰	18	-2
墨西哥	19	3
挪威	20	-2

1.1.3 安徽省旅游发展潜力巨大

1. 旅游资源丰富,黄山表现突出

安徽是中国史前文明的重要发祥地,地跨长江、淮河南北,具有徽文化(徽州文化)、皖江文化、淮河文化、中原文化、吴越文化等多元文化及地域特征。徽商是中国十大商帮之一,鼎盛时期徽商曾经占有全国总资产的4/7,亦儒亦商,辛勤力耕,赢得了"徽骆驼"的美称。安徽大地锦绣多姿,文化古迹甚多,安徽是中国旅游资源非常丰富的省份之一。

其中最受瞩目的是黄山风景区。黄山,中华十大名山之一,天下第一奇山。位于安徽省南部黄山市境内,有72峰,主峰莲花峰海拔1864米,为36大峰之一,与光明顶、天都峰并称黄山三大主峰。近年来,随着人民生活水平的提高,黄山景区游客接待量逐年增长,2018年黄山景区游客接待量338万人次,比上年增加1.13万人次,同比增长0.34%;2019年黄山景区游客接待量350.1万人次,比上年增加12.1万人次,同比增长3.58%(见图1.5)。

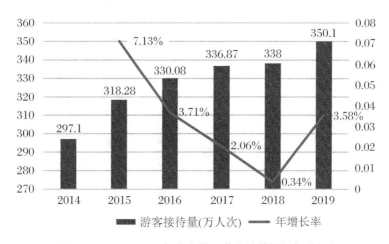

图1.5　2014～2019年黄山景区游客接待量及年增长率

2. 旅游业整体规模不断扩大,旅游业相关政策不断完善

纵观安徽省2012～2018年入境旅游情况,7年间入境旅游业不断壮大,旅游外汇收入年均复合增长率为13.66%,入境旅游增加275.5万人次(见图1.6)。

2019年安徽省接待入境过夜游客390万人次,国内游客8.2亿人次,实现旅游总收入8510亿元。同年,安徽组织了瑞典"安徽文化年"等对外和对港澳台地区文化旅游交流项目20批次183人次,接待了英国德比郡等近20个国家政府来皖考察团。组织赴俄罗斯等国家开展文化交流演出,在我国香港举办了"潘玉良在巴黎"展览,15件文物精品参加了在日本举办的"三国志展",邀请了格鲁吉亚等国家演出团体来皖进行文化交流。

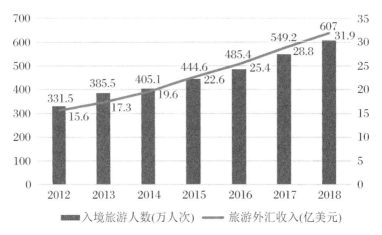

图1.6 2012~2018年安徽省入境旅游人数与旅游外汇收入

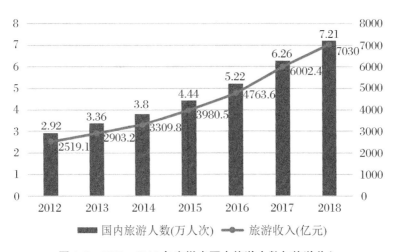

图1.7 2012~2018年安徽省国内旅游人数与旅游收入

2020年,安徽成功举办了第十三届安徽国际文化旅游节,组织了境外旅行商采风踩线、合作洽谈、文艺展演等活动,别外联合各市、县举办了100场次的配合活动。同时,强化入境旅游市场开发,组织有关市县文旅部门、旅游企业,赴重点入境客源市场开展旅游宣传推广;组织参加中国马耳他文化旅游年活动;举办"艺海流金"内地与港澳文化和旅游界交流活动;建立安徽省文化旅游图片视频资料库、海内外宣传营销资料库。

在推动长三角文旅高质量一体化发展方面,2019年,安徽主动与沪苏浙对接,围绕"产品共建、线路共推、品牌共塑、市场共育"等合作思路,签订了合作协议;安徽牵头召开了长三角区域名城名镇等"七名"国际旅游精品线路发布会,推出系列产品;组织到上海、杭州、南京开展"美好大皖南迎客长三角"旅游推介;在铜陵召开了第二届长三角国家公共文化服务体系示范区(项目)合作机制大会。

2020年,安徽打造了"一大"会址—嘉兴南湖—泾县云岭—大别山等红色旅游精品线路,建设了长三角高品质红色旅游示范基地;进一步加快了杭—黄国际黄金旅游线建设,做好了长三角区域国际精品线路推广,争取三年内各市均有2~5条叫得响的旅游线路,重点推进了长三角区域一体化营销、粤港澳大湾区文旅营销、百所高校宣传推介等活动;此外,牵头发布了长三角文化和旅游行业"红黑名单",进一步推进了文明旅游示范区和示范单位创建,举办了文明旅游主题活动,从而更好地营造了文明旅游、诚信经营的良好氛围。

1.2 研 究 意 义

1.2.1 理论意义

1. 进一步完善游客满意度评价理论体系

游客满意度是检验景区发展成效的重要指标,与游客行为意向紧密相关。游客满意度评价不仅影响游客后续出游行为的选择,还会影响与游客相关人员的出游行为的选择[2]。游客作为旅游景区的消费者和体验者,其满意度评价和行为意向将直接影响景区的经济收入、发展方向、服务方式等各个方面[3]。游客满意度是一个很难直接观察与测量的比较抽象的概念,如何对游客满意度进行科学的测量是当前一个特别重要的课题。本书从游客感知的视角,构建科学全面、可操作性较强的游客满意度评价量表,重点关注影响游客满意度的核心要素,如景区服务水平、安全水平、便民水平等。从已有的相关研究成果来看,对景区游客感知的研究总体而言较为分散,尤其是没有针对山岳型风景区游客满意度影响因素的专门研究,从而导致已有研究的辨识度并不高。本书研究在一定程度上丰富了自然风光类山岳型风景区游客满意度评价的理论体系,拓展了游客满意度评价研究范围。

2. 进一步拓展游客满意度研究范畴

我国旅游已迈进大众化时代,而很多景区还停留在以往的经营模式,这显然已经跟不上时代的潮流[4]。消费者对个性化、特色化旅游产品和服务的要求与日俱增,因此要通过对游客满意度研究来关注游客的个性化要求,从而了解不同游客群体对景区的不同感知。掌握不同性别、年龄、收入、职业、受教育程度的游客对旅游景区服务的需求和意愿是景区全面提高游客满意度的关键[5]。本书通过评价游客满意度的各项指标研究,考察不同游客群体的特征,有利于丰富和拓展游客满意度的研究范畴,推进游客满意度评价研究向纵深发展。

1.2.2 现实意义

1. 了解不同游客群体感知差异,帮助旅游景区提升自身经营水平

随着个性化旅游时代的到来,游客满意度作为旅游景区经营的出发点和落脚点,在提升旅游景区服务质量和水平、提高景区竞争力与经济效益方面发挥着越来越重要的作用。然而面对迅速发展的个性化旅游,如低空旅游、民俗旅游、体育旅游等,传统旅游景区实行改革刻不容缓[6]。本书在国内外已有研究成果基础上,研究构建科学的游客满意度评价指标体系,该体系有助于景区有效识别与评价游客满意度。景区可以参考本书研究结果对景区进行有针对性的调整,以适应游客多元化的需求,进而提高景区收益。

2. 助力旅游业供给侧改革,促进安徽旅游业可持续发展

2011年7月,国家旅游局局长邵琪伟提出智慧旅游是中国旅游业发展的战略方向,我国将用10年的时间,基本实现智慧旅游[7]。此外,国家旅游局将2014年旅游宣传主题确定为"美丽中国之旅——2014智慧旅游年"(图1.8),以智慧旅游为主题,指导旅游景区、旅游城市、旅游特色村寨等旅游目的地的智慧建设。2014年5月15日,国家旅游局和中国电信集团公司在北京签署了关于共同推进智慧旅游发展的合作协议。

2011年,黄山、南京、苏州以及洛阳旅游局先后提出"智慧旅游"以及相关建设方案;2015年,黄山市强化"智慧旅游"营销方案并进一步细化"智慧旅游",将其概括为智慧服务、智慧管理、智慧营销三个方面。通过智慧旅游系统,游客可提前查看景区停车场状况,做好交通安排;到达景区后,可通过系统查询景点介绍、线路推荐、吃住行购、周边景点等信息。全方位的服务让游客只需享受游玩,提升了游览体验。黄山风景区,凭借互联网+智慧景区的经验建设,在2015年荣获"年度智慧旅游景区"称号[8]。其在2006年就投入1.5亿元资金,陆续建成保护管理智慧调度中心等智慧系统,实现了覆盖全山的信息化网络,完成了景区的信息化管理。这些举措提升了游客对黄山风景区的满意度,对于提高游客重游率、推动黄山风景区旅游业转型升级和经济发展具有重要意义。2019年,黄山旅游官方平台为游客提供"一码游""一站式"的产品和服务。通过微信公众号、小程序、手机客户端等端口,进入黄山旅游官方平台,游客只要轻动指尖,即可畅游黄山。该平台集吃、住、游、玩等产品于一体,可满足不同终端客户的需求。游客在平台上不仅可预订景区门票、酒店,选择租车和导游服务,购买优惠套餐、特色商品,规划旅游线路,等等,还可以获取游玩攻略、享受专业客服服务等。游客进入景区时,只需扫描手机预订后收到的门票、索道票二维码或者刷身份证即可,大大节省了排队时间,也便于景区掌握高峰期的人流情况,为现场应急事件的处理提供科学决策的依据,实现了智慧化、精细化管理。此外,黄山旅游官方平台已实现黄山市各景区、品质酒店、民宿客栈、租车导游、土特产品和文创纪念品预订"一站式"服务功能,主要产品已覆盖市内及周边50个景区、200多家酒店民宿。

图1.8 智慧旅游年启动仪式

2021年,为通过发展智慧旅游提高适老化程度,解决老年人"数字鸿沟"问题,文化和旅游部资源开发司在全国范围内征集了一批发展智慧旅游提高适老化程度示范案例。经地方推荐和专家评审,共确定14个案例为首批发展智慧旅游提高适老化程度示范案例,安徽省"黄山旅游官方平台探索提升老年人游玩体验新范式"案例成功入选。

在旅游业供给侧改革背景下,本书构建具有安徽省山岳型风景区特点的游客满意度综合评价指标体系,并对安徽省山岳型风景区游客满意度进行单项评价和综合评价,以全面反映安徽省山岳型风景区的供给侧改革进程,同时,对景区游客不满意因素做出准确的描述和判断,从而有利于从宏观上更科学地规划与促进今后安徽省山岳型风景区旅游业供给侧改革,实现"绿水青山"和"金山银山"有机统一,走生产发展、生活富裕、生态良好的文明发展道路,进而促进安徽省融入"长三角"。

3. 对黄山市康养旅游的发展路径提出有针对性的对策建议,推动黄山市从传统旅游向优质旅游转型升级

2015年,中国国家旅游局局长李金早,将"食、住、行、游、购、娱"传统的旅游六要素拓展为"商、养、学、闲、情、奇"新旅游六要素,其后又拓展为"文、商、养、学、闲、情、奇"旅游发展七要素,指出这是旅游业未来发展的大方向。这里的"养"就是指健康、养生旅游,包括养生养老、医疗保健、美容养颜、运动健身等非常丰富的旅游新业态和旅游新产品。2016年1月,《国家康养旅游示范基地》行业标准发布,确定了5个首批"国家康养旅游示范基地"。这表明政府、社会和市场等不同层面的群体广泛认同了"康养旅游"的概念,政府已经将其纳入国家旅游发展的重要战略支撑,为其规范化发展指明了方向。

随着社会经济的快速发展,人们在享受文明发展成果的同时,也面临着人口压力、资源环境保护、能源消耗等问题。根据世界卫生组织对健康的定义,健康不仅仅是身体没有疾病,更是在精神、体格和社交上都处于完美的状态。有数据显示,我国70%以上的人处于亚健康状态,主要由生活节奏加快、不合理生活方式、生态环境变化以及不科学的饮食习惯造成。更严重的是,该部分人群自身并未意识到自己处于亚健康状态。随着我国医疗卫生事业进一步发展,越来越多的人开始关注健康,健康、养生等概念开始被普通大众不断地认识和熟悉。在国家层面的政策指引下,我国各地康养旅游发展呈现出百花齐放的局面。河北省发布了《"大健康新医疗"产业发展规划(2016—2020年)》;四川攀枝花市围绕"阳光"品牌,重点建设"全国阳光康养旅游目的地",全力发展"康养+旅游"产业,不断创新"康养+"旅游产品供给。康养旅游产业正成为全民关注的新兴产业,俨然成为了中国特色社会主义市场经济浪潮中的新蓝海。

黄山市拥有丰富的自然与文化资源,其中世界文化与自然遗产两处,每年接待数以千万计的海内外游客。同时,黄山市地处皖南,与江西、浙江交界,背靠世界第六大国际都市群——长三角经济发达城市群,江苏、浙江和上海客源占到黄山当地客源的70%以上,是长三角的后花园。随着高速、高铁和民航等交通条件日益改善,黄山市作为世界级旅游目的地,被赋予了"中国旅游黄山再出发"的责任和使

命。当地的旅游资源、市场和产品正面临着前所未有的转型升级和竞争压力,这就对黄山市的旅游发展提出了更高、更新的要求。本书拟以黄山康养旅游为实证研究对象,通过康养旅游游客满意度研究,调查现阶段康养旅游发展的现状(表1.2),进一步查找康养旅游发展存在的问题,提出建设性对策与建议,为黄山市建设现代国际旅游城市贡献智慧和力量。

表1.2 中国康养旅游重要事件

时间	重要事件
2007年	安徽天柱山养生旅游推介会在莫斯科举行
2007年	黑龙江召开首届养生度假旅游节
2008年	山东打造顶级休闲养生基地
2009年	武义国际养生旅游高峰论坛
2010年	中国·鸡西2010中俄兴凯湖沙雕艺术大赛暨第三届鸡西养生度假旅游节
2012年	中国欢乐健康旅游年
2012年	广西推出"神奇桂西,中国第一条世界级养生旅游线路"
2013年	中国丽水生态休闲养生(养老)产业高峰论坛
2014年	2014中国杭州(临安)生态养生旅游招商洽谈会暨第十届浙西旅游合作峰会
2015年	四川省养生旅游节
2016年	中国(河北)康养旅游大会
2017年	攀西首例康养+医疗项目启幕暨普达阳光康养生活发布会
2021年	康养大会举行,康养山西刮起国际风

尽管经过多年开发,国内康养旅游依然只占整体旅游市场总交易规模的1%左右。不过2020年新冠肺炎疫情让"健康才是真刚需"逐渐被从60后到90后的全年龄层人群接纳,"大健康"概念及相关产业也在疫情期间得到高度关注,基于大养生的生活观念及生活方式转变获得前所未有的重视。

以治疗为主要目的的"康"旅游,以及侧重于维持或强化个人健康的"养"旅游,纵向与"大健康""大养生"相融合的同时,横向沿着智慧健康、医疗护理、生活方式及休闲养生方向进行延伸。康养产业以更广泛的概念吸纳新客群,带动康养旅游受众、方式、元素及产品组合等变化。

戴德梁行研究院《中国康养旅游的发展与趋势报告》认为,康养旅游在疫情之后或将面临以下六大发展趋势：

趋势一：以健康中国为核心，跨产业、泛行业政策深度融合助力康养旅游发展。

趋势二：不同年龄层人群对健康的理解，以及对康养需求的变化助推康养旅游产品迭代。

趋势三：自然、人文及康养元素植入，推动康养旅游产品元素的年轻化及多元化。

趋势四：产品组合渐进发展，多主体联合、多元化供应渐成趋势。

趋势五：金融支持，保障康养旅游可持续发展。

趋势六：缺失元素逐渐完善，康养旅游发展逐步规范化。

中国康养旅游板块分布图如图 1.9 所示。

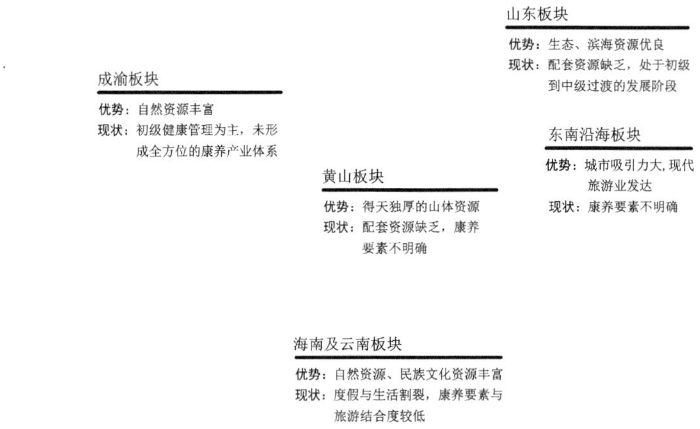

图 1.9 中国康养旅游板块分布图

1.3 研究内容和研究方法

1.3.1 研究内容

本书的研究内容是基于游客感知理论，探讨山岳型风景区游客满意度评价，以黄山为实证研究对象，分析游客满意度的影响因素，并针对不同类型游客偏好，提出适合黄山风景区可持续发展的对策建议。本书后续章节是按照提出问题、分析问题、解决问题的思路展开的。

第1章为"绪论"。主要阐明本书研究的背景与意义、研究框架、研究方法的选取等。

第2章为"相关理论基础与文献综述"。通过对国内外相关文献的查阅、搜集、梳理,了解游客满意度研究历程与现状,揭示研究动态和前沿领域,为完善游客满意度研究奠定理论基础。本章的主要内容如下:一是对游客感知的定义进行总结;二是对游客感知的影响因素相关文献进行梳理,包括基于游客自身的人口统计学因素、经济因素、游客情绪因素和基于旅游目的地的安全因素、管理方式因素、气候因素、节假日因素、环境因素等;三是对游客感知评价进行梳理,主要包括游客感知的评价内容、评价方法和评价领域等几个方面;四是对游客感知研究的相关理论进行梳理和总结;五是总结、归纳、分析目前国内外旅游学术研究对游客感知的评价和展望;六是对本书涉及的研究方法给出简要概述。

第3章为"研究设计与数据获取"。根据相关理论基础,结合已有研究成果,设计游客满意度评价表,并交代数据的获取方法——网络爬取数据和问卷调查相结合。

第4章为"黄山风景区游客满意度评价实证研究"。首先,构建黄山风景区游客心理容量模型,求出黄山风景区能容纳的最佳游客人数;其次,构建黄山风景区游客满意度结构方程模型并对结果进行分析;最后,构建基于IPA分析(Importance-Performance Analysis)的黄山风景区康养旅游满意度研究模型,并完成对结果的分析。

第5章为"黄山风景区发展对策与建议"。主要根据定性研究和定量研究的结论提出总结与展望,以便为景区管理者提供一些参考,从而有利于景区管理者从宏观上更科学地规划与促进今后安徽省山岳型风景区旅游业供给侧改革。

1.2.2 研究方法

根据本书研究需要,采用理论研究与实证研究相结合、专家咨询与网络爬取数据以及问卷调查相结合、定性研究与定量研究相结合的方法,以夯实研究的理论基础,保障研究的科学性与规范性,强化数据分析的解释与论证,提高研究结果的可信性。

1. 文案调查法

由于所有的研究都必须建立在对前期研究成果积累的基础上,因此,文案调查的目的是搜集截止到目前，已经形成的研究成果或积累的数据资料与信息。而文献研究主要指搜集、鉴别、整理文献，并通过对文献的研究形成对事实的科学认识的方法。本书研究主要通过文献研究法了解关于游客满意度评价方面所涉及的研究范围、研究程度与研究深度，这是开展后续研究的重要理论基础，也是避免重复研究和寻求突破的主要方式。本书研究通过对中国知网、维普等国内主流数据库以及 Web of Science、SpringerLink 等国外权威数据库的期刊、学位论文等文献的检索，同时结合学校图书馆借阅书籍，查阅本领域最新研究成果。

2．网络调查法

网络调查法是利用因特网的交互式信息沟通渠道来搜集有关统计资料的一种方法。这种资料搜集方法包括两种形式：一是在网上直接用问卷进行调查；二是通过网络来搜集统计调查中的一些二手资料。这种方法的优点是便利、快捷、调查效率高。本书研究运用 Python 爬取来自各种旅游社交平台上有关对黄山风景区的评价，并运用"问卷星"发放问卷获取数据，以弥补线下数据量不足的缺点。

3．焦点小组法

焦点小组法又称小组座谈法，是一种被广泛应用的定性研究方法，不仅可以用在研究初期阶段理解关键性的问题，还可以帮助设计和开发定量调查工具，从而有助于获得对有关问题的深入了解。本书在研究初期就游客满意度评价指标体系的构建和修订等方面采用了焦点小组法。先邀请相关专家进行研讨，然后进行小组讨论，汲取整合专家意见，进一步通过数据进行定量检验，以保证商讨结果的可靠性。

4．问卷调查法

问卷调查法是国内外社会调查中较为广泛使用的一种方法。问卷是指为统计和调查所用的、以问答的方式表述问题的表格。问卷调查法就是研究者用这种控制式的测量对所研究的问题进行度量，从而搜集到可靠的资料的一种方法。问卷调查法大多用邮寄、个别分送或集体分发等多种方式发送问卷。调查者按照表格所问填写答案。一般来讲，问卷较访谈表要更详细、完整和易于控制。问卷调查法的主要优点在于标准化和成本低。本书研究通过预调查和焦点小组访谈后，根据要调查的问题制定了问卷，采用线下实地方式发放问卷，以保证数据的时效性和充分性。

5．定性分析与定量分析相结合

定性分析就是对研究对象进行"质"的方面的分析。具体地说，是指运用归纳和演绎、分析与综合以及抽象与概括等方法,对获得的各种材料进行思维加工,从而去粗取精、去伪存真、由此及彼、由表及里,达到认识事物本质、揭示内在规律的目的。定量分析就是对社会现象的数量特征、数量关系与数量变化的分析。其功能在于揭示和描述社会现象的相互作用和发展趋势。定性分析与定量分析应该是统一的、相互补充的,定性分析是定量分析的基本前提,没有定性的定量是盲目的、毫无价值的,定量分析使定性更加科学、准确,它可以促使定性分析得出广泛而深入的结论。本书研究通过定性分析与定量分析相结合的方法对黄山风景区游客满意度内在规律做出判断。具体采用的定量方法有回归分析、方差分析、层次分析、结构方程模型、重要性-表现性分析法等。

1.4 本书研究的创新点

1.4.1 研究内容的创新

本书研究从游客感知视角出发,采用实证研究方法,通过结构方程模型、层次分析法、重要性-表现性分析法等方法系统分析了黄山风景区游客满意度评价影响因素,为系统研究景区游客满意度评价工作打下了基础,并且丰富了旅游景区游客满意度评价方面的现有文献和研究,补充与发展了游客满意度研究领域的理论和研究。

1.4.2 研究方法的创新

本书研究结合了定性研究与定量研究等多种分析与评价方法,为客观、准确地评估山岳型风景区游客满意度提供了一种新的方法和思路。在以往的研究中,大多停留于宏观全局的指标体系的建立阶段,有关山岳型风景区游客满意度的评价分析的研究很少且没有形成一定的体系。本书研究在大量梳理国内外游客满意度相关研究成果基础上,对山岳型风景区游客感知的影响因素、相关理论进行全面梳理,并在前人成熟经验的基础上,采用多种研究方法对山岳型风景区游客满意度评价进行了实证研究;采用定性评价和定量评价相结合的方法,使游客满意度评价相关研究的理论依据更加充分,研究结果更加严密和科学,对黄山景区游客满意度内在规律做出了相对更为准确的判断。

第 2 章　相关理论基础与文献综述

中国经济已进入中高速增长的"新常态",国内旅游业逆势上扬,在国民经济和社会发展中的战略性地位越发凸显。但旅游业转型升级过程中也面临一些必须解决的问题。对于已经转入买方市场的旅游业而言,进行供给侧改革,高质量高层次满足游客需求,着力提升游客满意度和获得感,已经成为旅游景区的"安身立命"之本。游客感知价值研究是旅游产业"供给侧改革"的需要,近年来,国内外很多学者致力于研究游客感知。鉴于此,本书针对游客感知文献进行了系统梳理,了解其研究历程和现状,揭示其研究动态和前沿领域发展状况,对于完善游客感知的研究其意义是不言而喻的。此外,本书也梳理了以往文献中研究游客感知价值的相关模型,发现目前在众多关于游客感知价值研究成果中,专门针对山岳型风景区游客满意度的研究相对较少。与人文等其他类型旅游景区不同,游客到山岳型风景区旅游更加注重对景区内的自然环境及景观价值的感知并体验自然生态环境的原真性。考虑到对景区自然生态环境原真性的保护,景区内食、住、行、游、购、娱等相关服务设施建设都是十分讲究的,游客对这些服务设施的感知是影响其满意度评价的重要因素。因此,本书研究以黄山风景区为例,基于游客实际体验的视角,结合景区自然资源和"文、商、养、学、闲、情、奇"旅游发展七要素,构建山岳型风景区游客满意度模型。本书研究用到的建模方法对于其他山岳型风景区游客满意度模型构建亦有参考价值。

2.1 文献综述

2.1.1 游客感知研究相关文献

1. 游客感知概念研究相关文献

Mayo 等认为游客感知是作为游客的主体与其心理、行为之间存在的特定联系,包含客体主体化的过程与结果[9]。保继刚等将游客感知定义为游客在旅游前对目的地的印象,是游客根据在旅游决策时搜集到的大量信息而形成的对旅游目的地环境的整体印象[10]。黎洁等认为旅游感知是游客对旅游对象和旅游环境条件产生印象、获取信息的过程,这一过程往往是通过游客自身的感觉器官完成的[11]。Lennon 等指出旅游感知是主体选择、组织刺激因素,并将其转化为富有意义且具有内在联系的图景的过程[12]。Decrop 提出游客感知是每个个体将外部世界中所获得的旅游信息转换为内部思维世界的过程[13]。白凯等在对感觉和知觉进行定义后提出游客感知是游客将自己在常住地或目的地接收到的外部信息与自己内在已经具有的旅游经验比较并融合后形成的印象[14]。张熙等认为游客感知在游客选择阶段和游玩阶段均发挥重要作用,它是游客作为一个个体,对获取的旅游信息进行主观选择,并根据信息在脑海中对旅游目的地形成的综合印象[15]。

综合各学者对旅游感知的定义,游客感知一般是指游客主观自觉地搜集旅游目的地的环境、基础设施、服务、价格等各方面信息并依此形成目的地印象的客体主体化的过程。旅游感知通常包含两个阶段:一是旅游活动开始前,游客根据获得的外部旅游信息与自身旅游经验相结合形成对目的地的初步印象,这个印象将对游客的出游决策产生影响;二是旅游活动开始后,游客根据实地体验得到的真实感受重新调整大脑中对旅游目的地的印象,一般情况下会成为游客的最终印象,它对游客的满意度、重游意向、推荐意向都具有很大的影响。

2. 游客感知实证研究相关文献

目前已经有很多学者对游客感知进行实证研究并且取得了丰硕成果,尤其是近些年来旅游业进入黄金发展期,国内旅游市场迅速扩张,从游客感知视角出发通过问卷调查对某一地区或某一旅游目的地进行测评和指导的研究也日益增多,主要分为两类：一类是游客在出游前或出游后对旅游目的地形成的单向印象和评价；另一类是游客将出游前的心理预期和出游后的真实感受进行双向对比而形成的综合印象。

（1）游客对旅游目的地的单向感知

李国平提出了基于游客感知的"灰度区"与"光环区"，以曲靖市为例针对"灰度区"进行了旅游产品的形象整合模式探讨，以潜在游客对"灰度区"的感知为基础，针对旅游产品的内涵，探讨如何将"灰度区"的本底感知形象上升到决策感知形象[16]。Nina为了获得游客对旅游目的地的感知，对与旅游目的地存在一定距离的潜在游客采用图画联想、词汇联想、释放联想等方法进行测试[17]。史春云基于游客感知视角，构建游客感知结构方程模型并创新性地应用于不同类型的旅游地，研究得出游客满意度和忠诚度的重要影响因素包括游客对服务要素的感知、对旅游社区的感知、对资源的感知[18]。张佑印等对西安曲江新区国内游客旅游总体感知进行分析研究，发现游客对该地的绿化程度、厕所卫生等方面旅游硬件环境满意度较高，而对以员工服务态度为代表的旅游软性环境满意度较低[19]。徐小波等基于携程网近几年来发布的1万多条用户点评文本对"中国优秀旅游城市"形象感知做出对比分析研究，发现中国城市旅游形象总体感知结构与感知方式，并指出认可度而非感知度是影响旅游形象感知的主要依据[20]。

（2）游客对旅游目的地出游前后的双向对比感知

陆林等选取黄山、庐山作为比较对象，将参与研究的学生分为实验组和控制组，调查其在旅游前和旅游后对两地感知情况的变化。调查结果显示旅游者基本上维持出游前的良好感知，但是对两地的感知差异更加显著，对黄山的综合评价优于庐山[21]。解杆等选取江西龙虎山作为研究对象，对游客的入游距离和感知距离进行对比，调查显示游客的感知距离受年龄、收入等人口统计学特征的影响，同时感知距离又反过来影响游客的消费行为[22]。白凯等通过对西安的入境背包客进行问卷调查发现旅华背包客在选择旅游目的地时主要受个人因素和环境感知因素的影响[23]。陈志军等以井冈山为例，基于旅游感知视角将红色旅游地的游客感知分为旅游项目、硬件设施、软件服务，并发现游客对井冈山的总体评价是正向积极的，但游客游览之前的期望值与游览之后的实际感知仍存在一定的差距[24]。白丹等从游客对西安兵马俑的网络点评中获取信息，构建包括出游期望和游后评价在内的兵马俑景区游客感知模型，发现游客出游后的消极感知主要来自景区拥挤、门票价格等方面[25]。

2.1.2 游客感知价值

感知价值一直以来都受到理论研究者和实践从业者的高度关注,为顾客制造和提供良好的感知价值已经成为企业获取竞争优势的新源泉。20世纪90年代,越来越多的学者开始对感知价值进行研究,通过文献梳理,我们发现对感知价值的研究主要集中在三个方面:得失说、多要素说和综合评价说。"得失说"认为顾客对企业提供的产品服务所具备价值的主观认知要受到感知利得和感知利失权衡的影响。感知利得主要包括与产品购买和使用相关的物态要素、服务要素等质量要素,感知利失主要包括顾客购买时所要付出的成本,例如价格、运输成本、维护与供应商的关系所要耗费的时间和精力等。"多要素说"认为仅仅从感知利得和感知利失权衡角度来衡量顾客的感知价值,其标准过于简单,任何产品服务所提供的价值都应该包括功能价值、情感价值、认知价值和社会价值。"综合评价说"强调感知价值是顾客对产品/服务的某些属性、属性的性能,以及在具体情景中有助于实现其行为意图和目标的产品使用结果的感知偏好和评价。传统顾客感知价值的研究对象大多在制造业领域,20世纪90年代以后,顾客感知价值的应用领域得到了极大的延伸,从制造业扩展到了服务业、咨询业、金融业等产业领域,理论的普适性有了很大提高。旅游本质上是一种获得愉悦经历的体验性活动,旅游产品本质上是为了满足游客的审美和愉悦需求。从这个角度出发,游客感知价值在旅游景区开发和游客行为管理方面的理论应用是十分重要的。在旅游体验过程中,游客接触到的物像和服务带来的心理体验最终都会以感知价值的形态在游客头脑中形成映像,都会以"感知利得-感知利失"的形式呈现,并进行权衡比较,进而形成游客对旅游体验的总体感知,它直接决定了游客对旅游产品的认知和评价,是构成游客满意度、忠诚度的重要前置因素,因此基于感知价值的游客行为管理已经具备了深入研究的必要性和可行性。

2.1.3 游客行为意向

Warshaw和Davis将行为倾向定义为:一个人所形成的进行或不进行某种未来行为的意识程度[2]。消费者行为倾向是连接消费者自身与未来行为的一种陈述,著名消费行为学家Fishbein曾经指出:"对消费者未来是否采取某种具体行为最直接的预测方法就是了解他们采取该种行为的倾向"[2]。大量的实证研究结论表明:如果能够准确地测量相应的行为倾向,那么我们可以非常精确地预测绝大部分的社会行为。旅游者行为倾向是游客在旅游体验后对旅游产品和服务可能采取的特定行动,其表现形式一般分为重游意愿、口碑传播、溢价购买和游客抱怨。从该划分标准来看,游客重游意愿和目的地口碑传播是典型的旅游者行为倾向表现形式。游客重游意愿主要表现为游客在未来重游该地的意向,它对旅游目的地的发展具有重要意义,因为维持游客的最好方法就是使游客重复购买。口碑传播能够提供较为真实的面对面信息,当游客对旅游地持有正面评价时,能够增加重游概率,并对该目的地产生一定程度的个体偏好;反之,当游客对旅游目的地持有负面评价时,不仅会从根本上杜绝对该旅游地的重游,还会以口碑传播的方式影响周围的不同个体和群体,这对旅游地的形象及其未来的发展会造成极大的损害。

2.2 理 论 基 础

2.2.1 游客感知价值理论

游客感知起源于心理学中的感知概念。精神心理学认为感知涉及对周围世界进行初步探索的必要心理过程,通过此方式,感知器官创造了代表大脑中刺激的神经信息模式和个体的刺激经验[2]。学术界的共识是:游客感知是人们通过感官对旅游对象、旅游环境等信息所获得的心理认知过程。游客感知的主要内容包括目的地管理、环境、服务等。通过对国内外文献梳理,游客感知的影响因素主要包括基于游客自身的因素和基于旅游目的地的因素。其中基于游客自身的因素包括人口统计学特征,比如性别、年龄、受教育程度等,以及经济因素,比如景区的门票、餐饮和住宿价格等物价水平;还包括游客情绪,游客情绪一般包括满意和愉快,这两种情绪的反应是旅游消费行为的根本性决定因素,会对游客的旅游行为和决策产生影响。其中基于旅游目的地的因素包括旅游目的地的安全因素、管理因素、气候因素、环境因素以及文化特色因素。旅游安全对旅游的整个过程来说是第一位的,旅游目的地的安全问题是影响旅游感知的因素之一,越来越多的学者将旅游安全作为影响游客感知的重要因素来研究,旅游目的地的生态、环境和食品安全会对游客选择旅游目的地产生决定性影响。如今旅游市场竞争愈发激烈,旅游景区的管理方式成为增加客源的途径之一,不同的管理者采用的管理方式不同,产生的旅游氛围也不尽相同,因而影响游客感知的情形也有很大差异。在景区管理方式中,形象管理是旅游目的地营销的重要组成部分,还有一些文献从员工管理的视角来研究这一问题,认为对客户的服务质量是酒店业竞争的关键因素。总之,加强景区管理会在很大程度上提升景区的竞争力。旅游目的地的气候是决定游客选择目的地的一个关键因素,有学者认为,应从需求角度研究气候对旅游地的影响,并做出应对方案,从而弱化气候对游客感知的不良影响。游客越来越重视旅游目的地的环境成为另一种共识,旅游景区优美的环境是长期稳定可持续发展和吸引顾客的重要保障。而今,公众普遍认识支持循环可再生等一系列环保技术被应用到旅游环境保护中,并愿意为此提供资金支持。一些游客还表示旅游地住宿经营者对待当地环境保护的态度,会直接影响他们对经营者的态度和住宿地的选择。最后,游客感知还受到目的地文化特色的影响,有学者对来自不同地区、不同文化背景的游客进行问卷调查和访谈,发现游客的自身文化会在很大程度上影响游客对旅游目的地的感知,不同地区的文化对游客感知有较强的调节作用。一个地区文化特色程度越高,越容易使游客产生积极的感知态度。

2.2.2 行为意向理论

行为意向理论认为个体的行为在某种程度上可以由行为意向合理地推断,而个体的行为意向又是由对行为的态度和主观准则决定的[3]。人的行为意向是人们打算从事某一特定行为的量度,而态度是人们对从事某一目标行为所持有的正面或负面的情感,它是由对行为结果的主要信念以及对这种结果重要程度的估计所决定的。主观规范(主观准则)指的是人们认为对其有重要影响的人希望自己使用新系统的感知程度,是由个体对他人认为应该如何做的信任程度以及自己对与他人意见保持一致的动机水平所决定的。这些因素结合起来,便产生了行为意向(倾向),最终导致了行为改变。游客的行为意向是在游客体验结束后通过此次感受对未来旅游的一种预测,因此游客的行为意向不仅涉及当次旅游,还会影响到未来旅游,这对旅游目的地的市场份额和品牌塑造都有着重要作用。常见的三种行为意向是评价、推荐、重游。而口碑推荐是旅游产品的主力营销途径,所以游客的行为意向是助力旅游可持续发展的重要因素之一。

2.2.3 产品创新理论

产品创新理论是随着市场的供给方或需求方的不断变化而产生的对产品的持续改进[2]。而创新理论的首次提出更是为了解决企业的发展问题。创新作为一种理论,可追溯到1912年美国哈佛大学教授熊彼特的《经济发展概论》。熊彼特在这部著作中提出:创新是指把一种新的生产要素和生产条件的新结合引入生产体系。熊彼特独具特色的创新理论奠定了他在经济思想发展史研究领域的独特地位,也成为他经济思想发展史研究的主要成就。熊彼特认为,资本主义经济打破旧的均衡而又实现新的均衡主要来自内部力量,其中最重要的就是创新,正是创新促使经济增长和发展。新世纪旅游发展最重要的主题是创新。旅游业创新,无论是制度创新,还是技术创新,都是为旅游者提供更符合需求的产品与服务,因此最终都要体现到旅游产品创新上。

2.3 定量方法简介

2.3.1 回归分析

回归分析是研究一个变量关于另一个(些)变量的依赖关系的计算方法和理论。其用意在于通过后者的已知值或设定值,去估计和(或)预测前者的(总体)均值。前一个变量称为被解释变量或应变量,后一个变量称为解释变量或自变量。

回归分析构成计量经济学的方法论基础,其主要内容包括:

(1) 根据样本观测值对经济计量模型参数进行估计,求得回归方程;
(2) 对回归方程、参数估计值进行显著性检验;
(3) 利用回归方程进行分析、评价和预测。

2.3.2 方差分析

方差分析又称作变异分析或 F 检验,主要功能在于分析实验数据中不同来源的变异对总变异的贡献大小,从而确定试验中的自变量是否对因变量有重要影响。

方差分析的基本原理:方差(或变异)的可加性原则或可分解性原则。方差分析把试验数据的总变异分解为若干个不同来源的分量,具体地讲,就是将总平方和分解为几个不同来源的平方和,总变异可以分为组间变异和组内变异。

方差分析的基本过程与步骤:

(1) 建立假设检验:

H_0:多个样本总体均值相等;

H_1:多个样本总体均值不相等或不全等。

(2) 计算检验统计量 F 值:

① 求平方和;

② 计算自由度:总自由度、组间自由度、组内自由度;

③ 计算均方;

④ 计算 F 值;

(3) 查 F 分布表,进行 F 检验并做出决断。

2.3.3 层次分析法

美国运筹学家 A. L. Saaty 于 20 世纪 70 年代提出的层次分析法(Analytical Hierarchy Process,AHP),是一种定性与定量相结合的决策分析方法。它是一个将决策者对复杂系统的决策思维过程模型化、数量化的过程。

层次分析法建模的四个步骤如下:

1. 建立递阶层次结构

层次分析法第一步是将问题进行层次化。层次化是指根据问题的有关特点、影响问题的各种因素以及要追求的目标,找出所研究问题的组成,分析组成成分间的内部关系,并以此作为分组的基础,从而构造一个彼此不相交的层次。上一层次的元素对邻近的下一层次的所有或部分元素有着主导作用,所以出现一个个有顺序的上一层主导下一层的关系。具有如上所述特征的结构称为递阶层次结构。图 2.1 是一个典型的层次递阶结构图。

2. 构造比较判断矩阵

判断矩阵表示针对上一层次某单元(元素),本层次与它有关单元之间相对重要性的比较。一般取表 2.1 中的形式。

在层次分析法中,为了使判断定量化,关键在于设法使任意两个方案对于某一准则的相对优越程度得到定量描述。对单一准则来说,一般对两个方案进行比较总能判断出优劣,层次分析法采用九标度方法(见表 2.2),对不同情况的评比给出数量标度。

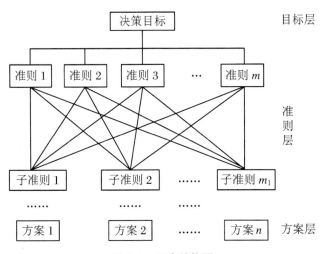

图 2.1　层次结构图

表 2.1　判断矩阵

C_s	p_1	p_2	⋯	p_n
p_1	a_{11}	a_{12}	⋯	a_{1n}
p_2	a_{21}	a_{22}	⋯	a_{2n}
⋮	⋮	⋮		⋮
p_n	a_{n1}	a_{n2}	⋯	a_{nn}

表 2.2　九标度方法

标　度	定义与说明
1	两个元素对某个属性具有同样重要性
3	两个元素比较,一元素比另一元素稍微重要
5	两个元素比较,一元素比另一元素明显重要
7	两个元素比较,一元素比另一元素重要得多
9	两个元素比较,一元素比另一元素极端重要
2,4,6,8	需要在上述两个标准之间折中时采用的标度
$1/a_{ij}$	两个元素的反比较

比较判断矩阵有以下三个特点$(i,j=1,2,\cdots,n)$：

(1) $a_{ij}>0$；

(2) $a_{ij}=1/a_{ji}$；

(3) $a_{ii} = 1$。

即

$$A = \begin{bmatrix} 1 & a_{12} & \cdots & a_{1n} \\ \dfrac{1}{a_{12}} & 1 & \cdots & a_{2n} \\ \vdots & \vdots & & \vdots \\ \dfrac{1}{a_{1n}} & \dfrac{1}{a_{2n}} & \cdots & 1 \end{bmatrix}$$

为比较判断矩阵。

若 n 阶矩阵具有以上所述特征,则称之为正互反矩阵。

定义 2.1 设 n 阶矩阵 $A = (a_{ij})$ 为正互反矩阵。若对于一切 i,j,k 都有 $a_{ij}a_{jk} = a_{ik}(i,j,k = 1,2,\cdots,n)$,则称 A 为一致矩阵。

3. 单准则下的排序及一致性检验

(1) 单准则下的排序

比较判断矩阵是 AHP 完成的基本条件。因为每个层次上都会有几个因素被上一个层次的某个标准支配,所以对于每一个标准及由它所主导的因素就可以得到一个比较判断矩阵。故而根据比较判断矩阵求出元素 $u_1, u_2, \cdots, u_n$ 相对于某特定标准的权重的步骤叫作单准则排序[1]。

特征根法可以用来计算权重 $\omega_1, \omega_2, \cdots, \omega_n$,它是 AHP 中比较常用并且很受学者青睐的方法。

特征根法的理论支撑是正矩阵的 Perron 定理,该定理确保了所求权重向量都为正值并且只有一个。

定理 2.1 (Perron 定理)设 n 阶方阵 $A > 0$,$\lambda_{\max}$ 是 A 的模最大特征根,则

(a) $\lambda_{\max}$ 必为正特征根,且对应特征向量为正向量;

(b) 对于 A 的其他任何特征值,恒有 $|\lambda| < \lambda_{\max}$;

(c) $\lambda_{\max}$ 为 A 的单特征根,因而它所对应的特征向量除相差一个常数因子外是唯一的。

定理 2.2 任何一个正互反矩阵均有 $\lambda_{\max}$,其中 $\lambda_{\max}$ 为 A 的模最大特征根。

定理 2.3 n 阶正互反矩阵 $A = (a_{ij})$ 为一致矩阵的充分必要条件是 A 的最大特征根为 n。

(2) 一致性检验

由于对一些具体事物判断的不确定性,我们的决定会比较单一,不具有普遍适

应性,但是也不必要使得每次比较判断的结果都符合一致性的条件。故选择方案者构造比较判断矩阵时,可以允许结果与一致性存在冲突。但如果比较判断矩阵是混乱的,没有逻辑性,就很可能导致做出错误、不理想的决策。所以要求在判断时应该在综合程度上能保持一定的一致性,如果矩阵的一致性远远达不到这个要求,很有可能给最终的结果带来谬误。所以针对每个层次都需要进行一致性检验。

设 A 为 n 阶正互反矩阵。由定理 2.2 知

$$AW = \lambda_{\max} W, \quad 且 \quad \lambda_{\max} \geqslant n$$

若 $\lambda_{\max}$ 比 n 越大,则 A 的不一致程度越严重。

令 $CI = \dfrac{\lambda_{\max} - n}{n - 1}$,其中 $\lambda_{\max}$ 为 A 的最大特征值,CI 当作衡量不一致程度的数量标准,CI 叫作一致性指标。

为了检验矩阵的一致性,著名运筹学家 Saaty 的方法是:固定 n,随机构造正互反矩阵 $A = (a_{ij})_n$,其中 a_{ij} 从 $1, 2, 3, \cdots, 9, 1/2, 1/3, \cdots, 1/9$ 共 17 个数中随机选取。这种方法得到的比较判断矩阵是最不保证一致性要求的。通过求得随机判断矩阵的最大特征值 $\lambda_{\max}$ 1000 次,Saaty 教授给出了平均随机一致性指标 RI 的值,见表 2.3。

表 2.3 平均随机一致性指标

n	1	2	3	4	5	6	7	8	9
RI	0	0	0.58	0.94	1.12	1.24	1.32	1.41	1.45

在表 2.3 中,$n = 1, 2$ 时 $RI = 0$,因为 1,2 阶判断矩阵总是一致的。

若 $n \geqslant 3$,令 $CR = CI/RI$,其中 CR 叫作一致性比例。只要 $CR < 0.1$,就认定判断矩阵符合一致性条件;反之,必须修改比较判断矩阵来使其满足上述条件。

4. 层次总排序

层次总排序是指计算方案层中所有元素对于最顶层的重要性排序的过程。

层次总排序的大致步骤如下:

(1) 计算同一层次所有因素对总目标的相对重要性权重,这是一个从上到下逐层进行的过程。

(2) 设已计算出第 $k - 1$ 层上 n_{k-1} 个元素相对总目标的相对重要性权重

$$\boldsymbol{\omega}^{(k-1)} = (\omega_1^{(k-1)}, \omega_2^{(k-1)}, \cdots, \omega_{n_{k-1}}^{(k-1)})^{\mathrm{T}}$$

(3) 第 k 层有 n_k 个元素,它们对于第 $k-1$ 层的某个因素 u_i 的单准则排序权重向量为 $\boldsymbol{p}_i^{(k)} = (\omega_{1i}^{(k)}, \omega_{2i}^{(k)}, \cdots, \omega_{n_k i}^{(k)})^{\mathrm{T}}$(假如与 $k-1$ 层第 i 个元素无主导关系,则对应 u_{ij} 值默认为 0)。

(4) 第 k 层 n_k 个元素对于最顶层的排序权重向量为

$$(\omega_1^{(k)}, \omega_2^{(k)}, \cdots, \omega_{n_k}^{(k)})^{\mathrm{T}} = (\boldsymbol{p}_1^{(k)}, \boldsymbol{p}_2^{(k)}, \cdots, \boldsymbol{p}_{k-1}^{(k)}) \boldsymbol{\omega}^{(k-1)}$$

5. 总排序一致性检验

选择方案者在把每层所有元素两两彼此比较时,也许单个层次中的比较结果符合一定的逻辑性,但往往不排除层次之间会有一些差错或者说是不符合逻辑性的情况,这些小谬误会随着层次总排序的逐渐计算而进行叠加,所以必须综合地检验此类差异的累积有没有超过允许的界限,这样的步骤叫作层次总排序的一致性检验。

假设第 $k-1$ 层第 j 个元素为比较的标准,第 k 层的一致性检验指标为 $CI_j^{(k-1)}$,平均随机一致性指标为 $RI_j^{(k-1)}$,则第 k 层各元素每两个彼此比较的层次单排序的一致性指标为

$$CI^{(k)} = CI^{(k-1)} \cdot \boldsymbol{\omega}^{(k-1)}$$

其中 $\boldsymbol{\omega}^{(k-1)}$ 表示第 $k-1$ 层对最顶层的总排序向量。

另有

$$RI^{(k)} = RI^{(k-1)} \cdot \boldsymbol{\omega}^{(k-1)}, \quad CR^{(k)} = CR^{(k-1)} + \frac{CI^{(k)}}{RI^{(k)}} \quad (3 \leqslant k \leqslant n)$$

若 $CR^{(k)} < 0.1$,可认为该问题对应的判断矩阵在整个 k 层水平上的一致性是允许的。

2.3.4 结构方程模型

结构方程模型(Structural Equation Modeling,SEM)是一门基于统计分析技术的研究方法学,它主要用于解决社会科学研究中的多变量问题,用来处理复杂的多变量研究数据的探究与分析。在社会科学及经济、市场、管理等研究领域,有时需处理多个原因、多个结果的关系,或者会碰到不可直接观测的变量(即潜变量);这些都是传统的统计方法不能很好解决的问题。结构方程模型能够对抽象的概念进行估计与检测,而且能够同时进行潜在变量的估计与复杂自变量/因变量预测模型的参数估计。

结构方程模型是一种非常通用的、主要的线性统计建模技术,广泛应用于心理

学、经济学、社会学、行为科学等领域的研究。实际上，它是计量经济学、计量社会学与计量心理学等领域的统计分析方法的综合。多元回归、因子分析和通径分析等方法都只是结构方程模型中的特例。

结构方程模型利用联立方程组求解，它没有很严格的假定限制条件，同时允许自变量和因变量存在测量误差。在许多科学领域的研究中，有些变量并不能直接测量。实际上，这些变量基本上是人们为了理解和研究某类目的而建立的假设概念，对于它们并不存在直接测量的操作方法。人们可以找到一些可观测的变量作为这些潜在变量的"标识"，然而这些潜在变量的观察标识总是包含大量的测量误差。在统计分析中，即使那些可以测量的变量，也总是不断受到测量误差问题的侵扰。自变量测量误差的发生会导致常规回归模型参数估计产生偏差。虽然传统的因子分析允许对潜在变量设立多元标识，也可处理测量误差，但是它不能分析因子之间的关系。只有结构方程模型既能够使研究人员在分析中处理测量误差，又可分析潜在变量之间的结构关系。

简单而言，与传统的回归分析不同，结构方程分析能同时处理多个因变量，并可比较及评价不同的理论模型。与传统的探索性因子分析不同，在结构方程模型中，我们可以提出一个特定的因子结构，并检验它是否和数据吻合。通过结构方程多组分析，我们可以了解不同组别内各变量的关系是否保持不变，各因子的均值是否有显著差异。

结构方程模型包括测量方程(反映潜变量和可测变量之间关系的方程，外部关系)和结构方程(反映潜变量之间关系的方程，内部关系)。

结构方程模型假设条件有以下五点：

(1) 合理的样本量。小样本量容易导致模型计算时收敛失败，进而影响到参数估计，特别要注意的是，当数据质量不好，比如不服从正态分布或者受到污染时，更需要大的样本量。

(2) 连续的正态内生变量。对于内生变量的分布，理想情况是联合多元正态。

(3) 模型识别(识别方程)。即比较有多少可用的输入和有多少需估计的参数，模型不可识别会带来参数估计的失败。

(4) 对完整的数据或者不完整数据的适当处理。对于缺失值的处理，一般的统计软件给出的删除方式选项是 pairwise 和 listwise，然而这又是一对普遍矛盾：pairwise 式的删除虽然估计到尽量减少数据的损失，但会导致协方差阵或者相关系数阵的阶数参差不齐，从而为模型拟合带来巨大困难，甚至导致无法得出参数估计。listwise 不会有 pairwise 的问题,因为若遇到 case 中有缺失值,那么该 case 直接被删除,但是又带来了数据信息量利用不足的问题。所以具体操作时要根据实际情况进行判断。

(5) 模型的说明和因果关系的理论基础。即假设检验的逻辑:只能说模型不能拒绝,而不能下定论说模型可以被接受。

结构方程模型的技术特性如下:

(1) SEM 具有理论先验性;

(2) SEM 同时处理测量与分析问题;

(3) SEM 以协方差的运用为核心,也可处理平均数估计;

(4) SEM 适用于大样本的分析,一般而言,大于 200 以上的样本,才可称得上是一个中型样本;

(5) SEM 包含许多不同的统计技术;

(6) SEM 重视多重统计指标的运用。

结构方程模型的实施步骤如下:

(1) 模型设定。研究者根据先前的理论以及已有的知识,通过推论和假设形成一个关于一组变量之间相互关系(常常是因果关系)的模型。

(2) 模型识别。模型识别是指设定 SEM 模型时的一个基本考虑。只有建立的模型具有识别性,才能得到系统各个自由参数的唯一估计值。基本规则是,模型的自由参数不能多于观察数据的方差和协方差总数。

(3) 模型估计。SEM 模型的基本假设是观测变量的方差、协方差矩阵是一套参数的函数。把固定参数和自由参数的估计代入结构方程,推导方差、协方差矩阵 Σ,使每一个元素尽可能接近于样本中观测变量的方差协方差矩阵 S 中的相应元素,也就是,使 Σ 与 S 之间的差异最小化。在参数估计的数学运算方法中,最常用的是最大似然法(ML)和广义最小二乘法(GLS)。

(4) 模型评价。在已有的证据与理论范围内,考察提出的模型拟合样本数据的程度。模型的总体拟合程度的测量指标主要有 χ^2 检验、拟合优度指数(GFI)、校正的拟合优度指数(AGFI)、均方根残差(RMR)等。关于模型每个参数估计值的评价可以用 t 值。

(5) 模型修正。模型修正是为了改进初始模型的适合程度。当尝试性初始模型出现不能拟合观测数据的情况(该模型被数据拒绝)时,就需要将模型进行修正,再用同一组观测数据来进行检验。

探索性因子分析法(Exploratory Factor Analysis,EFA)是一项用来找出多元观测变量的本质结构,并进行降维处理的技术。因而,EFA能够将具有错综复杂关系的变量综合为少数几个核心因子。EFA致力于找出事物内在的本质结构。

在缺乏坚实的理论基础支撑和有关观测变量内部结构时,一般用探索性因子分析。先用探索性因子分析产生一个关于内部结构的理论,再在此基础上用验证性因子分析。但这必须用分开的数据集来做。

探索性因子分析法步骤如下:

(1) 辨别、搜集观测变量。按照实际情况搜集观测变量,并对其进行观测,获得观测值。针对总体复杂性,兼顾统计基本原理,通常采用抽样的方法搜集数据来达到研究目的。

(2) 获得协方差阵(或 Bravais-Pearson 相似系数矩阵)。所有的分析都是从原始数据的协方差阵(或相似系数矩阵)出发的,这样使分析得到的数据具有可比性,所以首先要根据资料数据获得变量协方差阵(或相似系数矩阵)。

(3) 确定因子个数。有时候有具体的假设,它决定了因子的个数;但更多的时候没有这样的假设,仅仅希望最后得到的模型能用尽可能少的因子解释尽可能多的方差。如果有 k 个变量,则最多只能提取 k 个因子。通过检验数据来确定最优因子个数的方法有很多,例如 Kaiser 准则、Scree 检验。方法的选择视具体操作时的情况确定。

(4) 提取因子。因子的提取方法也有多种,主要有主成分方法、不加权最小平方法、极大似然法等。我们可以根据需要选择合适的因子提取方法。其中主成分方法是一种比较常用的提取因子的方法,它是用变量的线性组合中,能产生最大样品方差的那些组合(称主成分)作为公共因子来进行分析的方法。

(5) 因子旋转。因子载荷阵的不唯一性使得可以对因子进行旋转。这一特征,使得因子结构可以朝我们可以合理解释的方向趋近。用一个正交阵右乘已经得到的因子载荷阵(由线性代数知识可知,一次正交变化对应坐标系的一次旋转),使旋转后的因子载荷阵结构简化。旋转的方法也有多种,如正交旋转、斜交旋转等,最常用的方法是方差最大化正交旋转。

(6) 解释因子结构。最后得到的简化的因子结构是使每个变量仅在一个公共因子上有较大载荷,而在其余公共因子上的载荷则比较小,至多是中等大小。这样,我们就能知道所研究的这些变量是由哪些潜在因素(也就是公共因子)影响的,其中哪些因素是起主要作用的,而哪些因素的作用较小,甚至可以不用考虑。

（7）因子得分。因子分析的数学模型是将变量表示为公共因子的线性组合，由于公共因子能反映原始变量的相关关系，用公共因子表示原始变量时，有时更利于描述研究对象的特征，因而往往需要反过来将公共因子表示为变量的线性组合，即因子得分。

验证性因子分析是针对社会调查数据的一种统计分析。它测试一个因子与相对应的测度项之间的关系是否符合研究者所设计的理论关系。验证性因子分析的强项在于它允许研究者明确描述一个理论模型中的细节。因为测量误差的存在，研究者需要使用多个测度项。在使用多个测度项之后，就有测度项的"质量"问题，即效度检验。而效度检验就是要看一个测度项是否与其所设计的因子有显著的载荷，且与其不相干的因子没有显著的载荷。

对测度模型的检验就是指验证测度模型。对测度模型的质量检验是假设检验之前的必要步骤。而验证性因子分析用来检验已知的特定结构是否按照预期的方式产生作用。

验证性因子分析的步骤如下：

（1）定义因子模型。包括选择因子个数和定义因子载荷。因子载荷可以事先定为0或者其他自由变化的常数，或者在一定的约束条件下变化的数（比如与另一载荷相等）。这是和探索性因子分析在分析方法上的一个重要差异。我们可以用一个直观的比喻说明，也就是说，探索性因子分析是在一张白纸上作图，而验证性因子分析是对一张有框架的图进行完善和修改。

（2）搜集观测值。定义了因子模型以后，我们就可以根据研究目的搜集观测值。这一点与探索性因子分析有一定的相似之处。

（3）获得相关系数矩阵。与探索性因子分析一样，我们的分析都是在原始数据的相关系数矩阵基础上进行的，所以首先就要得到相关系数矩阵。实际上，方差协差阵、相似系数矩阵和相关阵之间是可以相互转化的。

（4）根据数据拟合模型。我们需要选择一种方法来估计自由变化的因子载荷。在多元正态的条件下，最常用的是极大似然估计，也可采用渐近分布自由估计。

（5）评价模型是否恰当。这一步可以说是验证性因子分析的核心。当因子模型能够拟合数据时，因子载荷的选择要使模型暗含的相关阵与实际观测阵之间的差异最小。在最好的参数被选择以后，差异量能用来衡量模型与数据一致的程度。最常用的模型适应性检验是 χ^2 拟合优度检验。原假设是模型为适应性模型，备择假设是存在显著差异。但是,这个检验受样本量大小的影响,如大样本的检验往往会导致拒绝原假设,尽管因子模型是合适的。其他的统计方法,比如用 Tucker-Lewis 指数,比较建议模型和"原模型"的拟合度。这些方法受样本量大小的影响不大。

(6)与其他模型比较。为了得到最优模型,需要完成这一步。如果要比较两个模型,且其中一个是另一个的缩略形式,就能从 χ^2 统计量的值检查出它们的差别,大约服从 χ^2 分布。几乎所有独立因子载荷的检验都能用来作为全因子模型和简因子模型之间的比较。为防止不是在检查全因子模型和简因子模型,可以比较均方根误差的近似值,它是模型中每个自由度差异的一个估计值。

验证性因子分析要处理推论统计量,处理难度大,需要具备更大容量的样本。精确的样本量要随着观测值和模型的因子数变化而变化,但一个标准模型至少需要 200 个个体。在分析过程中必须选择与每个因子在很大程度上匹配的变量,而不是潜在变量的"随机样本"。

2.3.5 IPA 分析理论

IPA 分析是指重要性-绩效分析,通过找到产品或服务的重要性和实际表现两个维度的量化成绩,以改善和提高顾客的满意度[26]。通常包括三个基本概念:一是确定影响顾客满意度的基本影响因素,基本影响因素与顾客满意度呈直接相关的联系,是整个 IPA 分析的基础。二是重要性表现,即顾客在购买产品或服务之前,对产品或服务发挥作用所期望的重要程度。三是绩效表现,即顾客在完成购买产品或服务之后,对产品或服务实际发挥作用的表现程度的感知,重要性和绩效表现存在一个对应关系。

IPA 分析法最早由马提拉(Martilla)和詹姆斯(James)在 1977 年正式提出。他们建立了重要性和绩效表现的相关模型,以期通过分析影响因素、重要性和绩效表现,对全球日益广泛的产品或服务交易进行量化评价[27]。

IPA 分析法自问世以来,因其研究思路清晰,可操作性强,被国内外众多学者广泛采纳应用。在旅游行业,如果研究成果能够帮助企业找到提高游客的满意度和忠诚度的影响因素,那么可以进一步帮助供方和需方相互认识自己的优势和不足,对游客未来的行为和企业未来的措施都更加有利。国内学者杨微微、胡晓等运用 IPA 分析法,对西双版纳野象谷景区进行实证研究,选取旅游安全、生态环境、消费水平、服务态度等变量因子,统计游客对野象谷景区各项指标的满意度和重要性,从而更好地提高景区的游客满意度[28]。

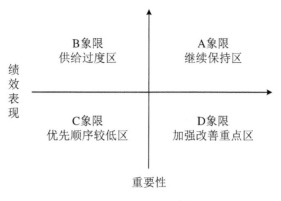

图 2.2　IPA 分析法结构图

2.4　本　章　小　结

本章主要在梳理相关文献资料的基础上,给出本书研究的相关基础理论和方法介绍。综合国内外旅游学术界对游客感知的研究,可见有一部分研究已经相对较为成熟。从评价内容看,现有文献普遍关注游客感知的现状,缺少对改善游客感知效应实际应用方面的研究;对不同类型旅游景区游客感知差异的规律性特征研究十分薄弱,特别针对山岳型风景区游客满意度研究几乎是空白。从评价方法的数据来看,现有的评价方法和数据较为单一,缺乏连续性的数据资料,缺少旅游景区游客感知差异的动态演进研究。

鉴于此,从目前该领域研究的不足出发,通过学科交叉,推动跨学科的集成研究。比如,充分利用各种数据源,特别是在大数据时代背景下可以探索通过人工智能技术来建立数据平台,积累监测资料,不断提高研究水平。还可以将地理学、社会学、心理学等多学科进行融合,促进集成研究。

第 3 章　研究设计与数据获取

3.1　调查数据的获取

为了准确把握和评价黄山风景区游客行为的空间差异、影响因素及规律特征，本书对黄山风景区进行了问卷调查，问卷进行实地发放并回收；为弥补线下数据量不足，顺应大数据蓬勃发展的潮流，还运用 Python 爬取来自携程网平台上对黄山风景区的各条评论，以补充调查问卷中开放性问题难以得到回复的不足。

3.1.1　调查方案设计

调查方案设计是实地调查开始之前的第一步工作，也是对前期理论探讨结果的具体实现。调查方案设计包括明确调查目的、内容、范围、方式，以及编制调查进度计划表等。

1. 调查目的是了解游客对黄山风景区的满意度

通过问卷调查，主要了解年龄、性别、职业、收入、受教育程度等不同群体游客特征及其对黄山风景区的差异性感知。具体包括以下三个方面的设计：首先使用李克特（Likert）5 级量表（非常不满意、不满意、一般、满意、非常满意）来调查游客对景区的整体满意度，包括资源条件、康养功能、公共配套、产品开发与效果感知 5 个维度下的 22 个指标；其次，为了实时准确了解游客在游览过程中的感受，设置了视觉、听觉、触觉、行动感觉 4 个问项（见表 3.1）；最后，使用名目尺度对被调查对象的性别、年龄、职业、学历等进行调查。

表 3.1 游客对景区整体满意度 5 级量表

项目	非常满意	满意	一般	不满意	非常不满意
视觉	人数少,视线无遮挡	人数较少,视线稍有遮挡	感觉一般	人数较多,视线较多被遮挡	拥挤不堪,视线大量被遮挡
听觉	人数少,很安静	人数较少,比较安静	感觉一般	人数较多,比较吵	拥挤不堪,非常吵
触觉	人数少,和他人无接触	人数较少,偶尔有接触	感觉一般	人数较多,时有接触	拥挤不堪,不断碰到他人
行动感觉	人数少,无任何障碍	人数较少,偶尔有障碍	感觉一般	人数较多,行动不自由	拥挤不堪,到处受阻

2. 调查对象是正在景区游览的游客

本次调查主要针对 14 岁以上参与意识较强的游客,并通过面对面的交流直接听取游客的意见与建议。不包括人们往返惯常环境后对旅游过程的回忆和对未来潜在旅游的预期和想象。之所以这样界定,是考虑到正在景区旅游的游客对此景区的认知最准确,有利于提高数据的准确度。对此类游客的调查更能准确地反映出黄山风景区游客的真实感知。

3. 调查方式以实地访问和抽样调查为主

调查方式主要是抽样调查,具体又分为等距抽样、交叉配额抽样和方便抽样。

等距抽样要求调查员事先熟悉调查区域范围,然后尽可能均匀等距地进行样本量随机采集。

交叉配额抽样是在采访游客时,注意对被访者个人特征的控制,主要控制性别,使得男女比例尽可能差不多;另外控制年龄,要求适当侧重有较好判断能力的中青年人。

方便抽样是在均匀分布的地点上,采访在此地点并愿意配合的游客进行调查和访谈。这是本书研究数据采集中最主要运用的方法,以此保证调查数据的准确性。

采用多种抽样方法结合的方法,目的是确保调查数据的可靠性、准确性、代表性和广泛性。

4. 调查组织与实施

为了提高调查的科学性与准确度,问卷由笔者与学生助理分11天完成。调查工作主要在2019年暑假展开。

3.1.2 调查问卷设计

1. 指标选取与问卷主体设计

基于专家座谈以及对游客属性的分析和相关文献的参考,确定影响山岳型风景区游客满意度的主要因素:通达性、安全性、便捷性、环保性、舒适性、服务性、景区景点布局合理性、景观性、文化性、旅游纪念品丰富性和活力性。首先使用李克特5级量表(非常不满意、不满意、一般、满意、非常满意)来调查游客对景区的整体满意度;其次,为了实时准确了解游客在游览过程中的感受设置了视觉、听觉、触觉、行动感觉4个问项;最后,使用名目尺度对被调查对象的性别、年龄、职业、学历等进行调查。最终本次问卷调查共包括三大方面27项分指标。

2. 调查问卷设计的相关说明

问卷的标题突出了要调查的问题,具有鲜明性、直观性,易于理解。考虑到调查不可避免地涉及被调查者的个人兴趣和爱好等,为了打消被调查者的顾虑,获得被调查者的配合,在开始和结尾处两次对被调查者的支持表示感谢,并且特别说明本次调查的非商业性和科学研究的性质。

问卷上填写调查时间、地点,为数据处理与审核提供了便利。问卷编号是在问卷录入时编制的,是核查原始数据非常重要的手段。

3.1.3 调查执行与问卷数据搜集

1. 调查阶段

整个调查分为三个阶段:调查问卷设计阶段、实施与初步审核阶段、资料整理与初步统计阶段。

(1)调查问卷设计阶段

这一阶段主要进行方案设计、问卷设计、区域确定、抽样设计和预调查工作。其中2019年3~5月为预调查阶段,根据预调查的反馈,再次调整完善问卷与调查方案。

(2)实施与初步审核阶段

2019年7~8月为实地调查阶段与调查结果初步审核阶段。

(3) 资料整理与初步统计阶段

2019年11~12月为资料整理阶段，2020年1月为初步统计阶段。

2. 问卷数量

考虑到问卷的回收率和有效率，本次调查共发放问卷600份，得到有效问卷568份，有效率为94.67%。

3.1.4　问卷数据审核整理

1. 原始数据审核

问卷回收后，首先进行初步审核，主要审核问卷的完备性和逻辑性，筛选出内容填写完整、符合逻辑的问卷。对被调查者收入等敏感性问题未做严格处理，只要问卷逻辑有效就视为有效问卷。由于本次调查组织严密，调查人员认真负责，基本没有应填而未填的项。

2. 原始数据录入核查

为了保证数据处理质量，原始数据录入全部采用电脑处理。在调查前期，根据调查问卷内容，将数据录入SPSS软件，并进行合理建模。具体录入时采用一录一核的方式，最后再统一审查，以保证数据的准确性。

3. 统计数据汇总和整理

对有效数据进一步统计汇总和整理，主要通过两种方法：一是通过排序、频次统计检查数据异常值等问题，进一步保证数据的有效性；二是通过简单汇总统计明确基础数据特征，为进一步定量分析做铺垫。

在本次问卷调查工作中，多数游客经过调查员说明后十分配合，有70%以上的游客特别愿意配合调查，只有不到5%的游客不太配合（见表3.2），这说明大多数游客对景区建设的关心程度还是很高的，通过对游客的调查能更好地分析出游客的感知。

表3.2　被调查者在本次调查中的配合情况

配合程度	非常配合	一般配合	不太配合	合计
样本数	398	142	28	568
占比(%)	70.07	25.00	4.93	100

3.2 基础数据说明

3.2.1 样本人口学特征统计情况

1. 年龄特征

调查中有9.92%的被访游客年龄在18岁以下,25.23%的被访游客年龄在19~29岁,49.85%的被访游客年龄在30~49岁,11%的被访游客年龄在50~59岁,4%的被访游客年龄在60岁以上(见图3.2)。由调查数据可以看出,调查对象以中青年人居多,中青年人拥有更多可自由支配的闲暇时间和经济基础,从而出游频率较高。30~39岁人群一般而言已经组建家庭,且其孩子多处于童年阶段,儿童拥有强烈的好奇心和求知欲,渴望拥有更多的机会探索世界,家长们出于寓教于乐的动机,会更多地选择带孩子去亲近大自然,而爬山这项运动也能起到磨炼孩子意志的作用。

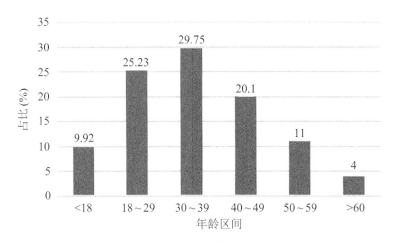

图 3.1 被访游客年龄分布图

2. 性别特征

在调查对象中,被访游客男、女比例基本相当,男性占被访游客的49.48%,女性游客占被访游客的50.52%(见图3.2)。有调查显示,职业女性是旅游产品的重要消费者,此外,女性较男性而言更容易接受调研小组的调查。故虽然是山岳型旅游景区,但被访游客也是女性比例稍高于男性。被访游客男、女比例还是接近1∶1,调研数据总体有效。

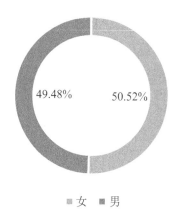

图 3.2 被访游客男、女占比图

3. 受教育程度

在被访游客中,高学历所占比例较大。其中,大学本专科学历被访游客占56.16%,研究生学历被访游客占15.32%,高中及以下学历被访游客占28.52%(见表3.3)。当前旅游已进入大众化发展时代,所以游客群体涵盖了不同教育水平的人群。但总体而言,高学历人群相对而言经济更自由,寻找旅游机会的意识和对信息的敏感性更强,可能更注重生活品质的提高。因此,在本次调查中,大专及以上学历被访游客占比超过七成。

表 3.3 被访游客学历分布表

学历	初中及以下	高中	专科	本科	研究生	合计
样本数	71	91	149	170	87	568
百分比(%)	12.50	16.02	26.23	29.93	15.32	100

4. 职业特征

从职业特征来看,被访游客覆盖了各阶层、各种职业人群。其中,专业技术人员比例最高,占被访游客的26.93%,主要包括医生、教师、律师等;其次为白领,占比约为19.21%;再次为公务员、事业单位工作人员,占比为18.19%;数据表明服务类工作人员在游客中占比最小(见图3.3)。我们知道,收入和时间对个人旅游需求的水平和类型均具有重要影响,专业技术人员和公务员以及事业单位工作人员等具有较为稳定的收入和相对充裕的闲暇时光,这为其提供了旅游的必要条件,从而在很大程度上提高了其旅游意愿。而白领有较高收入,且一般更具活力,平时相对紧张的工作节奏使得他们更青睐于在闲暇时光去亲近大自然。

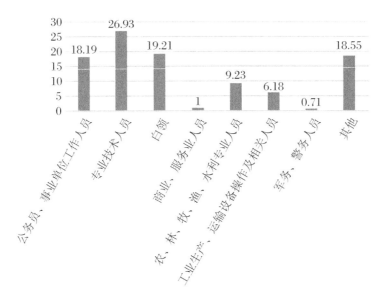

图 3.3 被访游客职业分布图

5. 职位特征

在对游客进行职位特征调查时发现被访游客中普通职员超过半数,比例为61.97%,中层、高层管理人员和技术人员共占38.03%(见图3.4)。究其原因,中、高层管理人员由于具有较高的职位,可能一来事务繁忙,二来可能经常会因为考察等原因参加一些商务旅游,从而降低了休闲旅游的需求和欲望。相比较而言,普通职员闲暇时间较充裕,从而有更多的旅游需求。

6. 收入特征

在被访游客中,中等收入者占多数。其中个人月收入在5000元以下的占26.06%;月收入在5000~9000元的最多,占50.35%;月收入在9000元以上的占23.59%(见图3.5)。旅游虽已进入大众化时代,但旅游并不是人们生活的必需品,是一种除去基本生活消费而需要额外支付的产品和服务,故一个人的收入水平对其个人的旅游需求会产生重要的影响。对于具有较高可自由支配收入的人群来说,一般而言,其参与旅游的能力不断增强,但并不是收入越高,人们旅游的概率就越大,这是因为随着可支配收入水平的不断提高,人们旅游的机会会在某一点达到峰值,而后呈现下降趋势。这是因为随着收入的增加,人们的工作事务更加繁忙,闲暇时间相应减少,从而丧失了一些旅游的机会,这与游客的职位特征具有密切关系。

图 3.4　被访游客职位雷达图

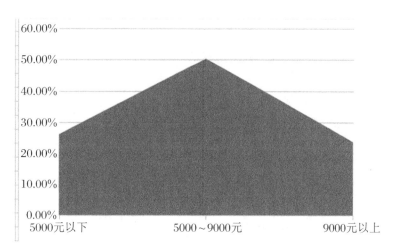

图 3.5　被访游客收入分布

3.2.2　样本旅游偏好统计情况

来黄山风景区旅游的游客,选择黄山风景区的主要原因是"景色宜人,特别钟爱""喜欢山水类自然风光"。选择这两个选项的游客分别占 80.6% 和 86.1%,正所谓"黄山归来不看岳",黄山因其独特的风光吸引了很多游客。至于了解黄山风景区的渠道主要以互联网为主,选择旅行社和亲戚朋友介绍的也不少。由此可见,黄山的确是个来了就忘不了的好地方,值得与大家分享。至于出游的方式,大部分是个人或者与家人朋友休闲度假,也有与朋友一起来此康体养生或者摄影写生的。游客普遍停留的时间为两天左右,30%以上游客已经不止一次来黄山,且再次游览黄山的愿望以及推荐他人游览黄山的意愿普遍比较强烈(表3.4)。

表 3.4 游客样本旅游偏好统计情况

	选项	N(人)	百分比(%)
选择黄山风景区的原因(多选)	近,方便	166	29.2
	景色宜人,特别钟爱	458	80.6
	喜欢山水类自然风光	489	86.1
	其他	62	10.9
了解黄山风景区的渠道(多选)	亲戚朋友介绍	98	17.3
	报刊、旅游书籍	13	2.3
	旅行社	104	18.3
	电视、广播	28	4.9
	户外广告、展示牌	19	3.3
	宣传手册	21	3.7
	互联网	283	49.8
	其他	29	5.1
出游动机(多选)	观光旅游	198	34.9
	休闲度假	438	77.1
	康体养生	109	19.2
	摄影写生	93	16.4
	科学考察	18	3.2
	商务会议	4	0.7
	其他	26	4.6
旅游方式	跟团	83	14.6
	自驾	399	70.2
	公共交通	53	9.3
	拼车	9	1.6
	其他	24	4.2

续表

选项		N(人)	百分比(%)
旅游同伴	无	29	5.1
	家人或亲戚	376	66.2
	同学/同事/朋友	122	21.5
	其他	41	7.2
预计停留时间	1天	91	16.0
	2天	431	75.9
	3天	39	6.9
	4天及以上	7	1.2
来自哪里	黄山市(含县区)	48	8.5
	安徽省内黄山市外	319	56.2
	安徽省外	201	35.4
第几次来黄山风景区旅游	第一次	301	53.0
	第二次	179	31.5
	第三次	68	12.0
	第四次及以上	20	3.5
再次来黄山风景区旅游的意愿	非常强烈	292	51.4
	一般	203	35.7
	不确定	63	11.1
	无	10	1.8
推荐他人来黄山风景区旅游的意向	强烈推荐	399	70.2
	推荐	114	20.1
	不确定	38	6.7
	不推荐	15	2.6
	绝对不推荐	2	0.4

3.2.3 网络爬取评论情况

互联网技术飞速发展,对旅游业的影响也逐渐加深,在客源市场趋向成熟化与多样化的同时,旅游者不再被动地接收旅游目的地的宣传资料,而是主动地在各大网络平台上获取所需信息并发表自己对旅游地的游后感悟。由于网络自身具有开放性,在其长期的影响下,游客的消费方式就向 AI-SAS(Attention:注意;Interest:兴趣;Search:搜索;Action:行动;Share:分享)模式发生了转变。在这个主要通过网络进行信息传播的时代,黄山风景区旅游目的地为吸引更多的潜在游客,有必要通过网络了解游客的旅游形象感知和旅游偏好,才能更好地做出创新,完善设施,为游客提供更好的服务。网络文本分析方法即内容分析法(Content Analysis),是一种"透过现象看本质"的研究方法。它针对旅游网站、微博等网络传播的信息源,运用武汉大学沈阳教授研发的 ROST CM 高频词汇统计软件进行分词、词频、情感分析,主要将用语言表达的文献资料转换为用数据表示的分析结果,客观真实地揭示事物运动发展的基本规律,从中推导出具有实际价值的结论。数据通过携程网(http://www.ctrip.com)对"黄山风景区"进行检索,共得到 3 万多条评论。将游客游后对黄山风景区旅游地的吸引物、环境、服务等相关要素的评价信息和游后感悟信息作为主要来源。选取"有用数排序"的前 500 条高频词以及携程网上统计的旅游者构成作为研究的原始数据。将样本制作成文本文档,使用 Python 软件进行词频分析,将黄山风景区的形象感知和情感评价纳入自定义词典,使用软件对文档进行分词和词频统计,经筛选后获得有意义的高频特征词及频数,进行归类后绘制表格。提炼黄山风景区旅游形象的主要内容,初步了解游客对黄山风景区旅游形象的认知和重视程度,以及黄山风景区在设施、服务和环境等各方面存在的问题。

1. 认知形象分析

"五岳归来不看山,黄山归来不看岳。"许多游客慕名前来。通过对旅游吸引物、环境与氛围、接待服务与设施等方面的高频词语整理,前五位和后五位的高频词如表 3.5 所示。从表 3.5 中可以看出游客在旅游吸引物方面对"黄山""日出""风景""云海"和"光明顶",旅游环境与氛围方面对"白云""下雨""云雾""大雾"和"晴天",接待服务与设施方面对"索道""缆车""宾馆""门票"和"酒店"等方面关注度偏高。

表 3.5　黄山风景区旅游形象感知高频词

旅游吸引物	黄山 78	日出 76	风景 55	云海 53	光明顶 44
	天海 63	雪松 72	植被 12	回音 22	冬雪 62
环境与氛围	白云 60	下雨 36	云雾 29	大雾 22	晴天 17
	环保 22	冻死 8	连绵不绝 9	清净 11	文明 21
接待服务与设施	索道 168	缆车 147	宾馆 97	门票 60	酒店 54
	栈道 5	商店 5	垃圾桶 2	拐杖 2	指示牌 1

由表 3.5 中的相关数据分别做出黄山风景区旅游形象感知高频词云图,如图 3.6~图 3.8 所示。

图 3.6　黄山风景区旅游吸引物词云图

图 3.7　黄山风景区环境与氛围词云图

图 3.8 黄山风景区接待服务与设施词云图

2. 情感形象分析

游客对黄山风景区的情感评价反映了其对旅游目的地的好感程度。数据反映的结果见表 3.6。

表 3.6 黄山风景区旅游情感感知高频词

值得 181	美景 154	遗憾 40	仙境 139	排队 64
无憾 32	受罪 11	投诉 8	糟糕 5	可恨 2

从表 3.6 中可以看出,出现频数最高的前五位为"值得""美景""遗憾""仙境"和"排队"。由此不难看出游客对黄山风景区的整体感知形象的态度是肯定的,但同时也可以看出游客对高峰期排队还是颇有微词的(图 3.9)。

图 3.9 黄山风景区旅游情感感知词云图

3.2.4 游客人口统计学特征对各满意度的影响差异分析

为了检验人口统计学变量对各满意度的影响,分别以各项人口统计学变量分组,并进行 T 检验和单因素方差分析。

1. 性别影响差异

由表 3.7 中的 T 检验结果可知,男性、女性在各项满意度及效果感知方面均没有显著的差异,对应的 p 值均大于 0.05,因此,性别对各满意度及效果感知没有显著的影响。

表 3.7 性别影响差异

指标	性别	频数	平均值	标准差	T 值	p 值
资源条件	男	281	3.6074	0.94495	-1.498	0.138
	女	287	3.7775	0.68766		
康养功能	男	281	3.4471	0.84459	0.031	0.938
	女	287	3.6785	0.78967		
公共配套	男	281	3.6563	0.71234	-0.536	0.491
	女	287	3.7069	0.66731		
产品开发	男	281	3.5633	0.74917	-0.465	0.615
	女	287	3.7775	0.86365		
效果感知	男	281	3.5613	0.87891	-0.839	0.398
	女	287	3.6567	0.80881		

2. 年龄影响差异

为了找出年龄等各项人口统计学特征对各满意度及效果感知的影响,以各项人口统计学特征为变量分组进行单因素方差分析。由于各组人数有差异,在单因素方差之前,首先进行方差同质性检验,不满足方差同质性检验要求的利用 Welch 检验的值代替。

由表 3.8 可以看出,不同年龄段的人群在资源条件和康养功能的满意度上有显著的差异,对应的 p 值小于 0.05。在资源条件满意度方面,18 岁以下和 50 岁以上的人群满意度最高。在康养旅游满意度方面,40~49 岁和 50 岁以上的人群满意度较高。

表 3.8 年龄影响差异

指标	年龄区间	频数	平均值	标准差	F 值	p 值
资源条件	18 岁以下	56	4.0734	0.64482	3.338	0.013
	18~29 岁	143	3.6436	0.75773		
	30~39 岁	169	3.4893	0.96400		
	40~49 岁	114	3.8175	0.76036		
	50 岁及以上	86	4.1192	0.78259		
康养功能	18 岁以下	56	3.6740	0.59412	1.474	0.021
	18~29 岁	143	3.8573	0.56098		
	30~39 岁	169	3.79841	0.87699		
	40~49 岁	114	4.0851	0.64824		
	50 岁及以上	86	4.1903	0.59782		
公共配套	18 岁以下	56	3.7400	0.72901	0.724	0.576
	18~29 岁	143	3.7366	0.65407		
	30~39 岁	169	3.6281	0.78540		
	40~49 岁	114	3.2239	0.56498		
	50 岁及以上	86	3.8293	0.51321		
产品开发	18 岁以下	56	3.8851	0.64824	0.327	0.715
	18~29 岁	143	3.7039	0.57892		
	30~39 岁	169	3.6047	0.70129		
	40~49 岁	114	3.3676	0.65074		
	50 岁及以上	86	3.2816	0.75408		
效果感知	18 岁以下	56	3.4367	0.72341	0.892	0.438
	18~29 岁	143	3.7165	0.71267		
	30~39 岁	169	3.3675	0.65137		
	40~49 岁	114	3.6219	0.71543		
	50 岁及以上	86	3.6327	0.53218		

3. 学历影响差异

由表 3.9 可知,不同学历的人群在各满意度及效果感知上没有显著的差异,对应的 p 值均大于 0.05,因此,学历对各满意度没有显著影响。

表 3.9 学历影响差异

指标	学历	频数	平均值	标准差	T 值	p 值
资源条件	初中及以下	71	3.6823	0.98712	1.379	0.267
	高中	91	3.8564	0.87651		
	专科	149	3.6316	0.76234		
	本科	170	3.5436	0.68719		
	研究生	87	3.6405	0.61346		
康养功能	初中及以下	71	3.5474	0.64954	0.706	0.361
	高中	91	3.3857	0.61341		
	专科	149	3.7975	0.76860		
	本科	170	3.6599	0.32189		
	研究生	87	3.7851	0.71203		
公共配套	初中及以下	71	3.0752	0.49145	-1.498	0.138
	高中	91	3.6873	0.71354		
	专科	149	3.2157	0.67681		
	本科	170	3.5122	0.54667		
	研究生	87	3.4523	0.87453		
产品开发	初中及以下	71	3.4598	0.66818	0.901	0.803
	高中	91	3.3342	0.33671		
	专科	149	3.5795	0.53982		
	本科	170	3.2987	0.65291		
	研究生	87	3.4912	0.49135		
效果感知	初中及以下	71	3.6587	0.69886	1.154	0.331
	高中	91	3.7851	0.70285		
	专科	149	3.7775	0.68766		
	本科	170	3.8611	0.56482		
	研究生	87	3.4632	0.80342		

4. 职业影响差异

由表 3.10 看出职业仅对康养功能有影响,p 值小于 0.05,其余指标的 p 值均大于 0.05。具体来看,白领对康养功能满意度最高,可能是因为白领平时工作节奏相对较快,对康养旅游有更多需求。

表 3.10 职业影响差异

指标	职业	频数	平均值	标准差	T 值	p 值
资源条件	公务员或事业单位工作人员	103	3.7074	0.94564	0.883	0.439
	专业技术人员	153	3.7729	0.94931		
	白领	109	3.5714	0.80912		
	农林牧副渔水利工作人员	53	3.9763	0.68676		
	其他	150	3.8142	0.43712		
康养功能	公务员或事业单位工作人员	103	3.6159	0.76495	2.301	0.031
	专业技术人员	153	3.5911	0.54891		
	白领	109	3.9757	0.48667		
	农、林、牧、副、渔、水利人员	53	3.4319	0.59818		
	其他	150	3.4561	0.71231		
公共配套	公务员或事业单位工作人员	103	3.6742	0.94941	2.251	0.134
	专业技术人员	153	3.5912	0.71291		
	白领	109	3.7573	0.87612		
	农、林、牧、副、渔、水利人员	53	3.5129	0.31429		
	其他	150	3.6791	0.69132		

续表

指标	职业	频数	平均值	标准差	T值	p值
产品开发	公务员或事业单位工作人员	103	3.4568	0.78519	2.786	0.412
	专业技术人员	153	3.4641	0.85613		
	白领	109	3.4413	0.69975		
	农、林、牧、副、渔、水利人员	53	3.2968	0.87681		
	其他	150	3.4961	0.61519		
效果感知	公务员或事业单位工作人员	103	3.7798	0.87721	1.568	0.168
	专业技术人员	153	3.7412	0.99318		
	白领	109	3.7799	0.64101		
	农、林、牧、副、渔、水利人员	53	3.7512	0.55706		
	其他	150	3.3219	0.76131		

5. 月收入影响差异

由表3.11可知,不同月收入的人群在各项满意度及效果感知上没有显著的差异,对应的 p 值均大于0.05,因此,月收入对各项满意度及效果感知没有显著影响。

表3.11 月收入影响差异

指标	月收入	频数	平均值	标准差	T值	p值
资源条件	5000元以下	148	3.6371	0.79405	0.265	0.897
	5000~9000元	286	3.7361	0.93071		
	9000元以上	134	3.6795	0.79713		
康养功能	5000元以下	148	3.6471	0.59844	0.830	0.738
	5000~9000元	286	3.6178	0.97132		
	9000元以上	134	3.7961	0.97711		

续表

指标	月收入	频数	平均值	标准差	T 值	p 值
公共配套	5000 元以下	148	3.6563	0.71234	1.536	0.412
	5000~9000 元	286	3.6711	0.54495		
	9000 元以上	134	3.7239	0.67316		
产品开发	5000 元以下	148	3.6351	0.71749	1.415	0.621
	5000~9000 元	286	3.6175	0.85472		
	9000 元以上	134	3.7588	0.36865		
效果感知	5000 元以下	148	3.6157	0.89872	0.305	0.898
	5000~9000 元	286	3.5894	0.91234		
	9000 元以上	134	3.7561	0.80772		

6. 来源影响差异

由表 3.12 可知,来自不同区域的人群在各项满意度及效果感知上没有显著的差异,对应的 p 值均大于 0.05,因此,游客来源对各项满意度及效果感知没有显著的影响。

表 3.12 来源影响差异

指标	来源地	频数	平均值	标准差	T 值	p 值
资源条件	黄山市	48	3.6374	0.78495	0.572	0.638
	安徽省内黄山市外	319	3.7314	0.92083		
	安徽省外	201	3.6975	0.87629		
康养功能	黄山市	48	3.7443	0.45849	0.559	0.695
	安徽省内黄山市外	319	3.9132	0.91238		
	安徽省外	201	3.7865	0.96783		
公共配套	黄山市	48	3.5602	0.73412	0.469	0.731
	安徽省内黄山市外	319	3.4862	0.63416		
	安徽省外	201	3.6109	0.73663		

续表

指标	来源地	频数	平均值	标准差	T 值	p 值
产品开发	黄山市	48	3.5631	0.76911	0.466	0.761
	安徽省内黄山市外	319	3.5322	0.8008		
	安徽省外	201	3.5715	0.83656		
效果感知	黄山市	48	3.6135	0.88917	0.194	0.931
	安徽省内黄山市外	319	3.6039	0.56712		
	安徽省外	201	3.5667	0.80992		

3.2.5 旅游偏好对游后行为意向的影响差异分析

为了找出旅游偏好对各项满意度及游后行为意向的影响，利用各旅游偏好进行单因素方差分析，考虑到各组人数不同，因此进行单因素方差分析之前先进行方差同质性检验，不满足方差同质性检验的利用 Welch 检验进行。

1. 预订渠道影响差异

由表 3.13 可知，不同购票渠道的人群在各项满意度及效果感知上没有显著的差异，对应的 p 值均大于 0.05，因此，游客不同购票渠道对各项满意度及效果感知没有显著的影响。

表 3.13 预订渠道影响差异

指标	预订渠道	频数	平均值	标准差	T 值	p 值
资源条件	景区窗口购票	166	3.8074	0.49946	1.458	0.217
	网络订票	258	3.7982	0.51981		
	旅行社订票	83	3.8269	0.78131		
	其他	61	3.5779	0.87616		

续表

指标	预订渠道	频数	平均值	标准差	T 值	p 值
康养功能	景区窗口购票	166	3.7451	0.45849	0.053	0.994
	网络订票	258	3.8172	0.56191		
	旅行社订票	83	3.6189	0.91543		
	其他	61	3.7862	0.67891		
公共配套	景区窗口购票	166	3.8561	0.72315	0.533	0.472
	网络订票	258	3.7619	0.56123		
	旅行社订票	83	3.8123	0.71432		
	其他	61	3.7906	0.73611		
产品开发	景区窗口购票	166	3.7633	0.74827	0.465	0.425
	网络订票	258	3.9143	0.91662		
	旅行社订票	83	3.8192	0.89001		
	其他	61	3.7776	0.86965		
效果感知	景区窗口购票	166	3.7183	0.89178	0.837	0.376
	网络订票	258	3.8190	0.83922		
	旅行社订票	83	3.7561	0.59001		
	其他	61	3.6543	0.80772		

2. 停留时间影响差异

由表 3.14 可知,不同停留时间的人群在资源条件和效果感知上有显著的差异,停留时间较长的游客具有较高的满意度,对应的 p 值均小于 0.05。不同停留时间的人群对其他各项满意度没有显著的影响。

表 3.14 停留时间影响差异

指标	停留时间	频数	平均值	标准差	T 值	p 值
资源条件	1 天	91	3.6574	0.88526	2.428	0.031
	2 天	431	3.6198	0.57821		
	3 天	39	3.9916	0.60131		
	4 天及以上	7	3.7115	0.67861		

续表

指标	停留时间	频数	平均值	标准差	T 值	p 值
康养功能	1 天	91	3.4471	0.81359	1.631	0.239
	2 天	431	3.6138	0.91265		
	3 天	39	3.7819	0.83191		
	4 天及以上	7	3.6783	0.96787		
公共配套	1 天	91	3.5563	0.91204	2.536	0.461
	2 天	431	3.4799	0.79513		
	3 天	39	3.6719	0.81992		
	4 天及以上	7	3.7069	0.67361		
产品开发	1 天	91	3.5622	0.74887	2.460	0.065
	2 天	431	3.6541	0.85273		
	3 天	39	3.4901	0.79543		
	4 天及以上	7	3.7775	0.86365		
效果感知	1 天	91	3.5513	0.67891	2.009	0.048
	2 天	431	3.6011	0.76990		
	3 天	39	3.9911	0.55671		
	4 天及以上	7	3.9597	0.80772		

3. 出游方式影响差异

由表 3.15 可知，不同出游方式的人群在各项满意度及效果感知上没有显著的差异，对应的 p 值均大于 0.05，因此，游客不同出游方式对各项满意度及效果感知没有显著的影响。

表 3.15 出游方式影响差异

指标	出游方式	频数	平均值	标准差	T 值	p 值
资源条件	跟团	103	3.7462	0.81495	2.108	0.228
	自驾	153	3.6911	0.91201		
	公共交通	109	3.8811	0.59012		
	拼车	53	3.8175	0.68910		
	其他	150	3.7901	0.54011		

续表

指标	出游方式	频数	平均值	标准差	T 值	p 值
康养功能	跟团	103	3.6074	0.74115		
	自驾	153	3.7919	0.83121		
	公共交通	109	3.8975	0.69016	2.451	0.218
	拼车	53	3.6718	0.78912		
	其他	150	3.7192	0.91213		
公共配套	跟团	103	3.8142	0.94495		
	自驾	153	3.7928	0.81231		
	公共交通	109	3.6575	0.60966	2.188	0.601
	拼车	53	3.7134	0.80112		
	其他	150	3.8301	0.61532		
产品开发	跟团	103	3.6871	0.61535		
	自驾	153	3.7910	0.76812		
	公共交通	109	3.8175	0.59126	2.534	0.412
	拼车	53	3.712	0.61531		
	其他	150	3.8011	0.90112		
效果感知	跟团	103	3.8174	0.80495		
	自驾	153	3.7901	0.79012		
	公共交通	109	3.7722	0.68116	2.190	0.338
	拼车	53	3.8314	0.90121		
	其他	150	3.8901	0.8801		

4. 出游动机影响差异

由表 3.16 可知,不同出游动机的人群在各项满意度及效果感知上没有显著的差异,对应的 p 值均大于 0.05,因此,游客不同出游动机对各项满意度及效果感知没有显著的影响。其中,选择"商务会议"的有 4 人,由于人数很少,故对此不做分析。

表 3.16　出游动机影响差异

指标	出游动机	频数	平均值	标准差	T 值	p 值
资源条件	观光游览	198	3.8174	0.94101	2.123	0.119
	休闲度假	438	3.8212	0.80121		
	康体养生	109	3.8012	0.79002		
	摄影写生	93	3.9012	0.50339		
	科学考察	18	3.8875	0.68116		
	其他	30	3.9123	0.59012		
康养功能	观光游览	198	3.8124	0.94331	1.998	0.098
	休闲度假	438	3.7901	0.88912		
	康体养生	109	3.7992	0.77129		
	摄影写生	93	3.7799	0.68755		
	科学考察	18	3.8012	0.71031		
	其他	30	3.9001	0.91033		
公共配套	观光游览	198	3.7064	0.44995	2.118	0.088
	休闲度假	438	3.8102	0.55133		
	康体养生	109	3.8311	0.66901		
	摄影写生	93	3.8875	0.90116		
	科学考察	18	3.7301	0.81033		
	其他	30	3.6902	0.91102		
产品开发	观光游览	198	3.5874	0.67495	2.419	0.071
	休闲度假	438	3.8651	0.63200		
	康体养生	109	3.7731	0.61151		
	摄影写生	93	3.8875	0.68006		
	科学考察	18	3.7524	0.85271		
	其他	30	3.6671	0.85177		

续表

指标	出游动机	频数	平均值	标准差	T 值	p 值
效果感知	观光游览	198	3.8014	0.88695	2.984	0.099
	休闲度假	438	3.7297	0.90171		
	康体养生	109	3.6091	0.81342		
	摄影写生	93	3.8875	0.69966		
	科学考察	18	3.9001	0.91021		
	其他	30	3.7993	0.88901		

3.3 本章小结

本章对调查取得的568份有效问卷进行了严格核查、汇总整理、初步统计,验证了数据的有效性;运用网络爬虫技术爬取了游客对黄山风景区的评论意见以做补充。总体而言,本书取得的数据能够满足抽样调查的学科要求;调查样本以旅游景区游客为基本单元,能够满足对景区评价真实的要求;被访游客基本能够积极配合,这增加了样本的可信度;调查样本总体特征以中等收入、高学历中青年为主,覆盖面较广。因此,样本能够代表黄山风景区中不同游客群体特征。本章还对游客人口学特征对游后行为意向的影响差异、旅游偏好对游后行为意向的影响差异以及游客人口学特征与偏好特征相关性进行了分析。

第4章 黄山风景区游客满意度评价实证研究

4.1 黄山风景区概况

黄山,国之瑰宝,世界奇观,大自然之绝唱,是世界文化遗产、世界自然遗产、世界地质公园,是山岳型国家重点风景名胜区,是具有世界意义的天然美景;是华东地区巍峨多峰的第一高山,山体陡峭,峰峦奇秀,悬崖飞瀑,云雾常留,被世人誉为"人间仙境""天下第一奇山"。明代伟大旅行家徐霞客有"五岳归来不看山,黄山归来不看岳"之评说。

黄山,原名黟山,因峰岩青黑,遥望苍黛而名。后因传说轩辕黄帝曾在此炼丹成仙,唐玄宗信奉道教而改为"黄山"。历经多次造山运动的磨砺和第四次冰川的洗礼,逐渐形成今天这样雄奇险幻的景色。景区内有名可数的景点有800多处,景区内有名可数的72峰,或崔嵬雄浑,或峻峭秀丽,布局错落有致,天然巧成。天都峰、莲花峰、光明顶是黄山的三大主峰,海拔都在1800米以上,并以三大主峰为中心向四周铺展,深壑幽谷,峰峦峭壁,是中国十大风景名胜中唯一的山岳型风景区,令中外游人叹为观止。

黄山位于安徽省南部黄山市黄山区境内(景区由市直辖),东经118°1′,北纬30°1′,南北长约40千米,东西宽约30千米,山脉面积1200平方千米,核心景区面积约160.6平方千米。地跨市内黟县、休宁县和黄山区、徽州区,面积1078平方千米。

黄山有四绝,分别为:

(1) 奇松:黄山绵延数百里,千峰万壑,到处有松。"无树非松,无石不松,无松不奇。"

(2) 怪石:以奇取胜,以多著称。似人似物,似鸟似兽,情态各异,形象逼真。黄山怪石从不同的位置,在不同的天气观看情趣迥异,可谓"横看成岭侧成峰,远近高低各不同"。

(3) 云海:自古黄山云成海,黄山是云雾之乡,以峰为体,以云为衣,其瑰丽壮观的"云海"以美、胜、奇、幻享誉古今,一年四季皆可观,尤以冬景最佳。

(4) 温泉:水质以含重碳酸盐为主,可饮可浴。黄山温泉对消化、神经、心血管、新陈代谢、运动等系统的某些病症,尤其是皮肤病,均有一定的功效。

1979年7月,邓小平同志登临黄山,明确指示,"要有点雄心壮志,把黄山的牌子打出去",开启了黄山旅游业发展的序幕;1980年,成立黄山规划领导小组,编制《黄山风景名胜区总体规划》;1982年,黄山被列为第一批国家级重点风景名胜区;1990年,被联合国教科文组织确定为世界文化与自然遗产,列入《世界遗产名录》;2004年,被联合国教科文组织确定为世界地质公园;2007年,被国家旅游局评为"国家AAAAA级旅游景区";2008年,世界旅游组织和联合国教科文组织在黄山联合设立第一个世界遗产地旅游可持续发展观测站;2010年5月,黄山获世界旅游业理事会(WTTC)颁发的"全球旅游目的地管理奖";2010年10月,黄山管委会作为亚洲第一个景区加入全球可持续旅游委员会(GSTC);2011年,黄山风景区加入世界自然保护联盟(IUCN),成为该国际组织中首个中国(景区类)旅游目的地。

4.2 黄山风景区智慧旅游公共服务系统发展现状

近年来,随着人们生活水平的提高,服务业日益发达,旅游的普及度越来越高,已逐渐渗透到人民大众的日常生活中。传统的跟团游已难以满足游客的个性化需求,随着自由行散客不断增多,游客对目的地的公共服务需求越来越高。因此,加快完善旅游公共服务设施、提高旅游公共服务水平尤为重要,在"互联网+"的时代背景下,旅游公共服务体系越来越离不开智慧旅游平台的支持。2015年1月10日,国家旅游局印发的《关于促进智慧旅游发展的指导意见》指出,2020年,我国智慧旅游服务能力明显提升,建设了一批智慧旅游景区、智慧旅游企业和智慧旅游城市,建成了国家智慧旅游公共服务网络和平台。

在2018年的安徽省智慧旅游评定大会上,黄山市旅游委员会被评为"2018安徽省智慧旅游等级评定先进单位"。黄山市智慧旅游建设起步较早,同时也是首批18个"国家智慧旅游试点城市"之一。

4.2.1 智慧旅游公共服务体系研究概述

通过查询整理中国知网上有关国内智慧旅游公共服务体系建设的相关文献资料,笔者总结出,该理论研究主要涉及体系内容、运行模式以及个案实践三个方面。乔海燕从旅游交通信息系统、旅游公共服务平台系统、旅游信息咨询以及旅游信息服务系统四方面系统研究,提出旅游公共服务系统构建的重要性与意义[29]。金卫东从不同角度阐述了南京智慧旅游公共服务系统建设的模式,并指出智慧旅游为大众出行所需服务和公共产品提供主要渠道[30]。李萌结合大数据、产业融合信息,综合分析了相对于传统旅游,智慧旅游运行模式的创新之处[31]。此外,北京、上海、成都、大连等我国发达旅游城市近年来相继推行了智慧旅游示范工程,并开展了丰富的旅游公共服务体系建设的实践。

4.2.2 黄山市智慧旅游公共服务体系内容

对智慧旅游公共服务相关文献资料梳理归纳后,再结合黄山市旅游公共服务体系的游客需求现状及其实际存在的供给特征,根据智慧旅游的技术功能性,确定了黄山市智慧旅游公共服务的内容体系,见表4.1。

表4.1 智慧旅游公共服务内容体系

类别	公共服务内容	智慧化功能
旅游公共基础设施	酒店智能入住	实现智能自助预订、查询、支付、发放房卡、打印交易凭证
	智能旅游体验中心	自助旅游信息查询、门票购买、旅游商品购买,VR旅游体验
	旅游厕所导航及智能管理	厕所导航功能,智能感应设备对厕所的空气、人流、环境等进行监测

续表

类别	公共服务内容	智慧化功能
旅游公共交通服务	智慧停车场	智能查询空余车位、停车费无感支付
	租车服务与管理	实现APP自助在线预订、取还车辆
	旅游交通引导标识	旅游交通标识位置信息化
景区信息服务	旅游数据中心	旅游统计工作平台、旅游数据分析平台、旅游决策支持平台
	景区智能导览	提供景区内观光线路导览、文字和语音讲解、咨询查询
	景区智能门票系统	景区电子门票管理、自动售取票、人脸识别、智能检票

4.2.3 黄山市智慧旅游公共服务系统现状

1. 智慧旅游基础设施日渐完善

根据笔者最新的统计发现，黄山市在智慧旅游基础设施建设上已初具规模。自2017年起，黄山市可进行实时监测、统计、分析的旅游大数据中心平台开始运行，全市主要景区监控信号同步接入国家数据平台中心，无线网络覆盖室内各主要景区、饭店及农家乐，全面利用游客手机欢迎短信、旅游接待统计、假日旅游预报、网上咨询投诉等系统。2018年开始，"码上游黄山"智慧旅游服务平台在黄山风景区成功运营，游客可通过手机端选购黄山门票与索道票，数秒内完成预订与支付，随后即可"扫码入园"或者"刷脸入园"。利用此系统，极大地减少了游客换票取票、排队环节，大大提高了入园效率，有力地提升了游客的体验感与满意度。此外，黄山风景区建成覆盖110个点的智能视频监控系统，实现车流人流统计、烟火早期监控、古树名木异常情况报警等功能；并且建成车牌识别、雷电预警、LED发布、三维地理信息森林火灾扑救指挥等36个系统，形成资源保护、业务管理、旅游经营、公共服务和决策支持五大类覆盖全山的信息化网络。

2. 旅游大数据中心初步建成

黄山市初步建成全市旅游信息全方位的统计、分析与检测系统。

（1）旅游数据统计系统。实时监测全市52处A级景区，以及机场、高铁站、高速路口等节点游客流量。

(2) 客源属性和行为分析系统。实时掌握游客的性别、年龄构成、消费偏好、出行方式、来源地分布及人数、日常客流趋势等信息,并预测未来一段时间游客流量。

(3) 客流监测预警系统。对景区景点、交通卡口、客流密集场所的实时流量、饱和度等数据进行综合分析,当承载量超过 80% 时即触发客流预警。

(4) 景区视频监控系统。4A 级以上景区视频监控信号接入大数据平台,持续发布年度全市旅游大数据报告,运用监测结果编制《智慧旅游服务要求》市级地方标准。

3. 旅游电商市场规模扩大

首先,全市与携程、同程、去哪儿等电商合作的景区、旅行社、旅游饭店超过 90%,网络旅行社与携程合作年销售额突破 5000 万元。黄山风景区网络订房订票占比超 50%,自 2017 年起,黄山旅游将驴妈妈旅游网作为黄山旅游门票业务唯一战略合作线上旅行商(OTA),驴妈妈旅游网承诺黄山门票年销售量不少于 100 万张。其次,黄山旅游发展股份有限公司与科大讯飞合资成立以智慧旅游为主业的讯飞爱途旅游电子商务有限公司,推出了旅游智能语音、移动旅游助手、旅游电子商务、诚信认证中心等系列智慧旅游产品。最后,黄山市打造了 B2B 在线交易的爱途计调通平台,覆盖旅游景区点 70 余家、旅行社及涉旅商户 2000 余家,2017 年网上交易额达 3.8 亿元。

4.2.4 黄山市智慧旅游公共服务建设面临的挑战

1. 信息的全面性、高效性有待提高

在智慧旅游大背景中,为满足游客的全方位需求,必须保证信息的高效性、丰富性与完整性。因此,对于构建黄山市旅游公共服务系统来说,数据的全面性与高效性至关重要。但目前黄山市一些旅游景点和旅游公司致力于开发自身的旅游平台,提供的信息服务较为单一,没有做到信息的有效整合,信息系统较为繁杂,旅游信息供求存在严重的不对称问题,游客难以挑选到合适的内容,只能选择较为知名的旅游信息,因此,尽管旅游公共信息呈现出快速的增长趋势,但相应的供给管理仍比较落后,从而造成信息公共服务无法满足游客实际的需求,特别是对于喜欢自驾游或自由旅行的游客来说,旅游公共信息服务的完整性和效率性亟待提高。

2. 旅游交通服务体系有待升级

黄山市已建成水上巴士、旅游专线等设施,旅游景区道路交通标识牌日趋规范。但旅游交通拥堵情况仍然存在,自驾车营地、车辆租赁等服务设施建设仍有不足。

交通枢纽与城市中心区及景区交通联系有待加强,轨道交通网络体系有待完善,旅游线路有待提升。此外,旅游咨询中心作为人员密集场所,在开展旅行社、客运场站及旅游客运等经营业务和旅游咨询、旅游换乘等公益服务的过程中,安全维稳管理工作有待加强。

3. 智慧旅游系统有待强化

黄山市智慧旅游建设仍处于探索阶段,但"智慧"外延仍需继续拓展。智慧旅游云数据中心数据库有待推进建设,现有智慧旅游体系缺失"一体化平台",无法为游客提供一站式旅游信息服务,"服务""管理""营销"三大平台亟待整合;智慧旅游试点建设有待推进,缺少代表性的智慧旅游试点企业;在线旅游业务所占比例不高,线下移动支付和点到点的服务网点有待增加。

4.3 黄山风景区游客心理容量与影响因素研究

游客心理容量是旅游环境容量的一部分,指旅游者在某一地域进行旅游活动时,在不降低活动质量与旅游体验的条件下,该地域所能容纳的游客数量。旅游心理容量是旅游环境容量研究中唯一从游客角度出发提出的环境容量概念。根据行为心理学原理,每个人在从事活动时对自己四周的环境都有自己的要求和认可度,即个人空间。就旅游而言,游客的视觉、听觉、触觉和行动感觉等共同构成了自己的个人空间,如果个人空间被侵占和破坏,就会造成游客满意度的下降。本节以黄山风景名胜区为例,分析黄山风景名胜区游客心理容量的大小,并检验其影响因素,以期为黄山风景名胜区的可持续发展提供科学依据。

4.3.1 游客心理容量模型的构建与求解

这里,我们采用目前常用的专家咨询法给权重赋值,视觉、听觉、触觉、行动感觉四个指标的权重值分别为 $0.35, 0.25, 0.2, 0.2$。李克特式量表设计是以单一点的明确数值表示的。在五级量表中,受访者只能从五个语义措辞"非常不满意""不满意""一般""满意""非常满意"中,勾选一个适合自己心理感受的选项作为答案,而量化的方式则是将勾选的语义措辞转换成等距数值,我们分别以"1,2,3,4,5"对语义措辞进行量化。假设在某日的调查结果中,选择"非常不满意""不满意""一般""满意""非常满意"的人数分别是 a,b,c,d,e,那么该日满意度为

$$s = \frac{a \times 1 + b \times 2 + c \times 3 + d \times 4 + e \times 5}{a + b + c + d + e}$$

假设某调查日视觉满意度、听觉满意度、触觉满意度、行动感觉满意度分别是 s_1, s_2, s_3, s_4,那么该日的整体满足度为

$$s = 0.35 s_1 + 0.25 s_2 + 0.2 s_3 + 0.2 s_4$$

经过统计计算,在各个调查时间游客在游览过程中的视觉、听觉、触觉和行动感觉的满意度和加权平均值如表 4.2 所示。

表 4.2 调查数据汇总表

调查时间	登山人数	有效样本数量	s_1	s_2	s_3	s_4	s
7月26日	13401	71	3.94	4.06	3.64	3.67	3.90
7月26日	11906	55	4.05	3.99	3.66	3.61	3.93
7月26日	12088	59	4.05	4.01	3.59	3.61	3.92
7月26日	9804	49	4.06	4.02	3.80	3.71	3.98
7月26日	12884	50	3.98	4.01	3.68	3.65	3.91
7月26日	26807	45	3.69	3.66	3.61	3.43	3.66
8月1日	34872	60	3.51	3.59	3.49	3.10	3.53
8月2日	33198	53	3.53	3.63	3.55	3.56	3.57
8月3日	25134	54	3.83	3.67	3.49	3.20	3.69
8月4日	18972	42	3.87	3.79	3.63	3.62	3.80
8月5日	8021	30	4.04	4.14	3.90	3.81	4.02

回归分析是研究一个或多个自变量与一个因变量之间是否存在某种线性或非线性关系的一种统计学分析方法。本书前面假设游客满意度与游客量之间存在某种线性关系,我们利用 SPSS 软件对满意度与游客量关系进行回归分析,在曲线估计模式下进行多种曲线相关模拟,其中,二次曲线可决系数为 0.965,具有较高的拟合度。通过检验,该二次方程为

$$s = 4.194 - 2.358 \times 10^{-5} x + 1.369 \times 10^{-10} x^2 \quad (4.1)$$

对方程(4.1)进行求导,得边际满意度函数

$$s' = -2.358 \times 10^{-5} + 1.369 \times 10^{-10} x \qquad (4.2)$$

在方程(4.2)中,当 $s' = 0$ 时,$x = 8612$。即边际满意度达到 0 时,游客量为 8612 人,游客满意度最佳。也就是说,黄山风景区最佳日游客心理容量为 8612 人。

为了保证大多数游客满意度维持在较高水平,我们以 80% 的游客满意度在"一般"以上为基本原则来测算游客的满意度值。抽取调查游客中的 40 人为测算对象,即 32 名游客满意度处于"一般"以上,8 名满意度处于"一般"以下。以此为原则逐步分解后,经计算,当 80% 游客满意度较高时,游客满意度值为 3.9120,将此值代入方程(4.1),求得此时游客数量为 11098 人。即当游客数量为 11098 人时,满意度有较高水平。这对黄山景区的游客管理有一定借鉴意义。

4.3.2 游客心理容量与游客属性关系的研究

1. 性别结构与游客心理容量的关系

在我国,对旅游者性别的问题研究并不多,且起步较晚。长期以来,景观空间一直主张采用通用设计,理念上更多关注老年人、残疾人、儿童等弱势群体的使用便利性,健康的青壮年使用者则被忽略性别,默认地以一种"男性原则"来进行设计,女性的空间需求并未被重视。研究表明,女性体内控制内脏及其技能的植物神经系统比男性的更复杂且影响更为广泛,这使得女性的情感表现更为明显和细腻,更容易胆怯、震惊和恐惧,也更容易激动、快乐和悲伤。因此,女性可能要比男性需要更远的"安全距离",从而导致女性游客心理容量比男性的小。所以我们得出假设:"女性游客心理容量比男性的小"。对男性与女性游客满意度分别进行统计之后,我们得到表 4.3 中的数据。

表 4.3 不同性别满意度一览表

游客量	8021	9804	11906	12088	12884	13401	18972	25134	26807	33198	34872
男性满意度	4.02	3.98	3.94	3.93	3.92	3.91	3.84	3.73	3.70	3.64	3.61
女性满意度	4.02	3.98	3.92	3.91	3.90	3.89	3.76	3.65	3.62	3.50	3.45

利用 Excel 中生成折线图,从图 4.1 中看到被调查的男性和女性在游客量相同时心理容量有一定差别,但这种差别是否显著呢?需要用统计学方法进一步检验。

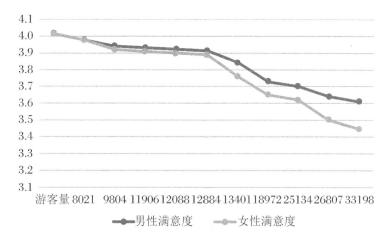

图 4.1　不同性别满意度

利用 SPSS 软件对两组数据进行独立样本 t 检验,结果显示在 90% 置信度下不具有显著差异(p 值 0.45＞0.1)。

由表 4.4 可知,女性游客和男性游客的心理容量在最佳游客心理容量(8612人)附近都相对平稳,且基本无差距。超过最佳心理容量点之后都呈下降趋势,但女性游客的心理容量下降趋势较男性的更为明显,这与女性对环境的变化更为敏感有关。但总体而言,假设"女性游客心理容量比男性的小"尚未得到证实,这或许跟样本容量过小有一定关系,在以后的研究中可以进一步扩大样本量继续深入研究。

表 4.4　独立样本检验

		方差方程的 Levene 检验		均值方程的 t 检验						
		F	$Sig.$	t	df	$Sig.$（双侧）	均值差值	标准误差值	差分的 95% 置信区间	
									下限	上限
满意度	方差相等	2.021	0.171	0.765	20	0.453	0.05636	0.07365	−0.09727	0.21000
	方差不相等			0.765	18.250	0.454	0.05636	0.07365	−0.09822	0.21095

2. 年龄结构与游客心理容量的关系

不同年龄阶段的旅游者因生理、心理及社会阅历差异而具有不同的旅游行为和偏好。心理学研究表明老年人作为相对弱势群体,对环境的敏感度更高,需要更多的安全空间;成年人精力旺盛,对生活品质有较高的要求,而青少年可能需要更多的旅游体验。理论上,随着个人年龄的增长,游客心理容量会呈现下降趋势。所以这里假设"游客心理容量与年龄结构存在逆相关关系"。

根据我国的年龄划分标准和调查问卷的实际情况,将调查中的年龄结构分为青少年(18岁以下)、中青年人(18~60岁)、老年人(60岁以上)三部分,分别统计青少年、中青年人和老年人的游客满意度,所得数据如表4.5所示。

表4.5 不同年龄段满意度一览表

游客量	8021	9804	11906	12088	12884	13401	18972	25134	26807	33198	34872
青少年满意度	4.02	3.99	3.96	3.96	3.94	3.91	3.9	3.89	3.88	3.84	3.81
中青年人满意度	4.0	3.94	3.91	3.87	3.81	3.81	3.76	3.65	3.6	3.51	3.43
老年人满意度	4.1	4.01	3.99	3.99	3.98	3.61	3.54	3.42	3.38	3.24	3.23

利用Excel生成折线图,从图4.2中看到被调查的男性和女性在游客量相同时心理容量有一定差别,但这种差别是否显著呢?需要用统计学方法进一步检验。

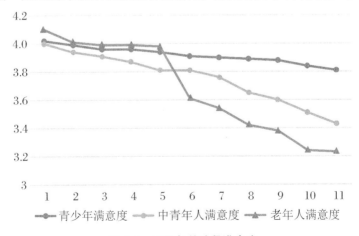

图4.2 不同年龄阶段满意度

运用SPSS软件对三个年龄阶段的满意度进行单因素方差分析,结果表明方差齐性检验未通过($p=0.000$,小于显著性水平0.1,表4.6)。

表4.6 方差齐性检验(满意度)

Levene 统计量	df_1	df_2	显著性
22.197	2	30	0.000

这里选择Tamhane非参数检验,结果显示,在90%置信度下,检验结果是显著的($p=0.055$,小于显著性水平0.1,表4.7),即认为随着年龄结构不同,在相同游客容量下,青少年、中青年人和老年人心理满意度有显著差别。

表4.7 单因素方差分析(满意度)

	平方和	df	均方	F	显著性
组间	0.325	2	0.163	3.200	0.055
组内	1.524	30	0.051		
总数	1.849	32			

进一步进行两两比较,结果显示在90%置信度下青少年和中青年人满意度在游客量相同的情况下具有显著性差异($p=0.055$,小于显著性水平0.1,表4.8),而青少年和老年群体($p=0.126$,大于显著性水平0.1)以及青年人和老年群体($p=0.903$,大于显著性水平0.1)均没有显著性差异。

表4.8 多重比较(满意度)

(I)年龄结构	(J)年龄结构	均值差 ($I-J$)	标准误	显著性	90%置信区间 下限	90%置信区间 上限
1	2	0.16455*	0.05864	0.046	0.0252	0.3039
1	3	0.23727	0.10382	0.126	−0.0141	0.4886
2	1	−0.16455*	0.05864	0.046	−0.3039	−0.0252
2	3	0.07273	0.11615	0.903	−0.1966	0.3420
3	1	−0.23727	0.10382	0.126	−0.4886	0.0141
3	2	−0.07273	0.11615	0.903	−0.3420	0.1966

*均值差的显著性水平为0.1。

由图4.3可知,总体上看青少年比中青年人和老年人均具有更高的游客心理容量,但是可能由于样本较少,小样本导致结果波动较大,使得90%置信度下青少年和中青年人满意度在游客量相同的情况下具有显著性差异($p=0.055$,小于显著性水平0.1),而青少年和老年群体($p=0.126$,大于显著性水平0.1)以及中青年人和老年群体($p=0.903$,大于显著性水平0.1)均没有显著性差异。若继续适当放宽置信度为80%,则可认为青少年和中青年人以及青少年和老年群体($p=0.126$,小于显著性水平0.2)均有显著性差异。但整体而言,老年人游客心理容量普遍小于其他人群,其满意度波动较大,更容易受游客量增加的影响。因此,假设"游客心理容量与年龄结构存在逆相关关系"部分得到证实。

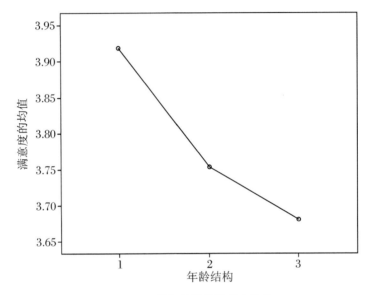

图4.3 不同年龄结构满意度均值

3. 文化程度与游客心理容量的关系

本书所说的文化程度是指游客受教育的程度。吉灿忠认为,不同文化程度的游客在旅游方式和旅游形式上的差异具有很大显著性。何学欢通过调研发现,不同文化程度的人在旅游的住宿选择、信息渠道、花费水平上表现出差异性,在出游距离与出游频次上表现出同一性。本节认为,高学历人群对生活的品质要求比较高,在旅游的过程中希望获取更多的信息;低学历人群对旅游的要求不太具有一致性,在低文化层次人群中,文化水平不是决定其旅游诉求的核心因素,而收入、家庭及角色是决定因素。受教育程度是决定旅游倾向的重要因素,因为教育可以开阔眼界并刺激旅游者的欲望。同样,一个人受到的教育越好,寻找旅游机会的意识和对信息、媒体、广告和促销活动的敏感性就越强。因此,文化程度也会影响一个人对其周围环境质量的要求。

一般地,高学历人群对旅游的品质要求较高,希望获得更宽松的空间,高学历人群心理容量可能比低学历人群的小。所以我们假设"游客心理容量与文化程度存在逆相关关系"。调查中我们将游客文化程度分为"初中及以下""高中及专科""大学本科""研究生"四类,将其满意度分别统计后得到表4.9。

表4.9 不同学历游客满意度一览表

游客量	8021	9804	11906	12088	12884	13401	18972	25134	26807	33198	34872
初中及以下学历游客满意度	3.96	3.98	3.97	3.96	3.95	3.92	3.9	3.88	3.87	3.85	3.84
高中及专科学历游客满意度	3.99	3.97	3.9	3.87	3.81	3.81	3.77	3.66	3.61	3.57	3.54
大学本科学历游客满意度	4.2	4.1	3.89	3.84	3.84	3.61	3.54	3.42	3.38	3.24	3.23
研究生学历游客满意度	4.1	4.12	3.91	3.82	3.81	3.59	3.55	3.44	3.38	3.25	3.24

利用Excel生成折线图,从图4.4中看到被调查的不同学历游客在游客量相同时心理容量有一定差别,但这种差别是否显著呢?需要用统计学方法进一步检验。

利用SPSS软件做出不同学历层次游客满意度均值图,如图4.5所示,可以看到均值具有较大差距。

进一步进行单因素方差分析,方差齐性检验通过($p = 0.110$,大于显著性水平0.1,表4.10)。

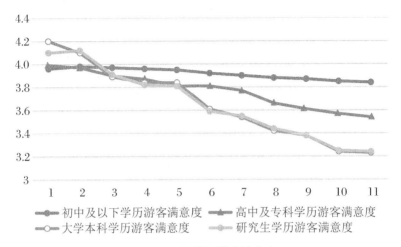

图 4.4 不同学历游客满意度

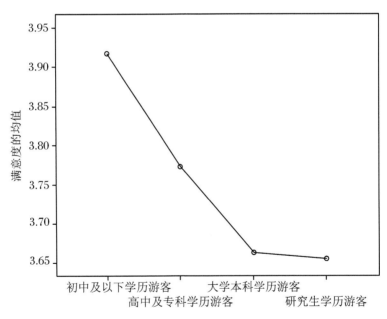

图 4.5 不同学历游客满意度均值

表 4.10 方差齐性检验（满意度）

Levene 统计量	df_1	df_2	显著性
11.424	3	40	0.110

进一步分析,发现单因素方差分析结果显示不同学历层次游客满意度存在显著差异。进行两两比较,结果显示在90%置信度下初中及以下学历游客和其他三类学历游客满意度在游客量相同的情况下具有显著性差异($p=0.076,0.063,0.017$,均小于显著性水平0.1,表4.11),而高中及专科学历游客、大学本科学历游客以及研究生学历游客满意度均没有显著性差异。

表4.11 多重比较(满意度)

(I)游客学历	(J)游客学历	均值差 (I-J)	标准误	显著性	90%置信区间 下限	90%置信区间 上限
初中及以下学历游客	高中及专科学历游客	0.14364	0.10435	0.076	-0.0321	0.3194
	大学本科学历游客	0.25364*	0.10435	0.063	0.0779	0.4294
	研究生学历游客	0.26091*	0.10435	0.017	0.0852	0.4366
高中及专科学历游客	初中及以下学历游客	-0.14364	0.10435	0.076	-0.3194	0.0321
	大学本科学历游客	0.11000	0.10435	0.298	-0.0657	0.2857
	研究生学历游客	0.11727	0.10435	0.268	-0.0584	0.2930
大学本科学历游客	初中及以下学历游客	-0.25364*	0.10435	0.063	-0.4294	-0.0779
	高中及专科学历游客	-0.11000	0.10435	0.298	-0.2857	0.0657
	研究生学历游客	0.00727	0.10435	0.945	-0.1684	0.1830

续表

（I）游客学历	（J）游客学历	均值差（I−J）	标准误	显著性	90%置信区间	
					下限	上限
研究生学历游客	初中及以下学历游客	−0.26091*	0.10435	0.017	−0.4366	−0.0852
	高中及专科学历游客	−0.11727	0.10435	0.268	−0.2930	0.0584
	大学本科学历游客	−0.00727	0.10435	0.945	−0.1830	0.1684

* 均值差的显著性水平为 0.1。

鉴于以上分析，可以看出相同的游客量下学历越高对应的心理容量越小，但在统计学意义下，只有初中及以下学历游客和其他三类学历游客满意度在游客量相同的情况下具有显著性差异（$p=0.076,0.063,0.017$，均小于显著性水平 0.1），而高中及专科学历游客、大学本科学历游客以及研究生学历游客满意度均没有显著性差异。由此可以推断假设"游客心理容量与文化程度存在逆相关关系"在一定程度上成立。

4. 来黄山旅游次数与游客心理容量的关系

来黄山的旅游次数直接反映了游客对黄山风景区的喜好程度和熟悉程度，而对一个景区的喜好程度与熟悉程度又直接影响了游客的旅游体验与心情。对一个景区越是喜欢与熟悉，越是对其呈现宽容性，也会获得更好的旅游体验。所以我们假设"游客来黄山风景区的旅游次数越多，心理容量越大"。调查中我们将游客的旅游次数分为"一次""两次""三次及以上"（因为多次游黄山游客样本较少，故将游览三次及以上游客问卷进行了合并），分别统计后得到表 4.12 中的数据。

表 4.12 不同旅游次数游客满意度

游客量	8021	9804	11906	12088	12884	13401	18972	25134	26807	33198	34872
旅游一次游客满意度	4.0	3.95	3.91	3.91	3.88	3.81	3.5	3.42	3.39	3.31	3.22
游览两次游客满意度	4.0	3.98	3.96	3.97	3.96	3.95	3.86	3.79	3.79	3.71	3.73

续表

游客量	8021	9804	11906	12088	12884	13401	18972	25134	26807	33198	34872
旅游三次及以上游客满意度	4.2	4.1	4.09	4.09	4.08	4.08	3.94	3.82	3.88	3.84	3.83

运用SPSS软件对数据进行单因素方差分析,结果显示数据存在显著差异。在Excel中对数据进行图像处理,得到图4.6。

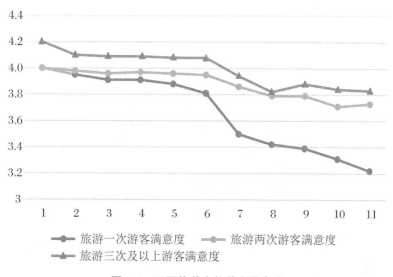

图4.6 不同旅游次数游客满意度

运用SPSS软件做出不同旅游次数游客满意度均值图,可以看到均值具有较大差距(图4.7)。

进一步进行单因素方差分析(表4.13),方差齐性检验未通过($p=0.000$,小于显著性水平0.1,表4.14)。

这里选择Tamhane非参数检验,结果显示,在90%置信度下,检验结果是显著的(p值均小于显著性水平0.1,表4.15),即认为随着游览黄山次数增多,相同游客量情况下,心理满意度有显著差别,游览黄山次数越多满意度越高。

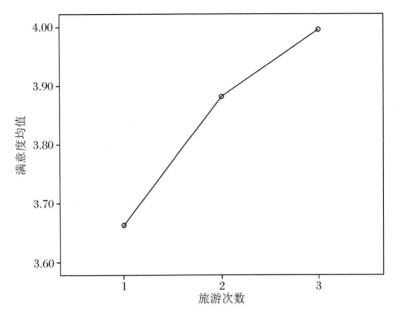

图 4.7 不同旅游次数游客满意度均值

表 4.13 单因素方差分析(满意度)

			平方和	df	均方	F	显著性
组间	组合		0.626	2	0.313	8.024	0.002
	线性项	对比	0.606	1	0.606	15.534	0.000
		偏差	0.020	1	0.020	0.514	0.479
组内			1.169	30	0.039		
总数			1.795	32			

表 4.14 方差齐性检验(满意度)

Levene 统计量	df_1	df_2	显著性
25.785	2	30	0.000

表 4.15　多重比较(满意度)

	(I)旅游次数	(J)旅游次数	均值差(I-J)	标准误	显著性	90%置信区间	
						下限	上限
LSD	1	2	-0.21818*	0.08419	0.015	-0.3611	-0.0753
		3	-0.33182*	0.08419	0.000	-0.4747	-0.1889
	2	1	0.21818*	0.08419	0.015	0.0753	0.3611
		3	-0.11364	0.08419	0.187	-0.2565	0.0293
	3	1	0.33182*	0.08419	0.000	0.1889	0.4747
		2	0.11364	0.08419	0.187	-0.0293	0.2565
Tamhane	1	2	-0.21818	0.09467	0.092	-0.4424	0.0060
		3	-0.33182*	0.09776	0.013	-0.5606	-0.1030
	2	1	0.21818	0.09467	0.092	-0.0060	0.4424
		3	-0.11364	0.05238	0.099	-0.2329	0.0056
	3	1	0.33182*	0.09776	0.013	0.1030	0.5606
		2	0.11364	0.05238	0.099	-0.0056	0.2329

* 均值差的显著性水平为 0.1。

研究结果整体显示,来黄山风景区旅游三次及以上的游客满意度最大,来黄山旅游过两次的游客满意度比第一次来黄山风景区旅游的游客满意度大,三者之间差异显著。假设"游客来黄山风景区的旅游次数越多,心理容量越大"得到证实。

5. 游客收入与游客心理容量的关系

经济收入决定消费者的旅游需求能力,旅游需求是一种高层次的精神享受。目前,我国城市居民对旅游产品的需求正从奢侈品向生活必需品转变,旅游产品已经成为部分城市居民的日常消费习惯。高收入游客一般追求奢华,他们有足够的经济能力,对旅游服务、旅游设施有较高要求,他们把追求旅游需求实现放在首要地位,把经济因素放在次要地位。中等收入游客大多是白领阶层,其特点是受教育程度较高,收入相对稳定。同高收入群体相比,他们更追求旅游乐趣,对旅游服务方面不过分追求。低收入游客通常基于自身经济实际情况,把经济因素放在首位,力求在最短的时间内用最少的花费达到最大的旅游效益,因而他们的旅游花费不高、讲究实惠。总体上说,高收入人群对旅游的品质要求更高,他们喜欢支配更宽广的活动空间,低收入人群的旅游需求趋于大众化。所以我们假设"游客收入与游客心理容量存在逆相关关系"。

根据不同收入层次游客满意度数据(表4.16),利用 Excel 生成不同收入层次游客满意度折线图,如图4.8所示。

表4.16 不同收入层次游客满意度

游客量	8021	9804	11906	12088	12884	13401	18972	25134	26807	33198	34872
月均3000元以下游客满意度	4.07	4.05	4.09	4.03	4.04	4.01	3.99	3.98	3.89	3.81	3.82
月均3000~9000元游客满意度	4.1	3.97	3.96	3.97	3.94	3.92	3.91	3.87	3.79	3.76	3.74
月均9000元以上游客满意度	4.2	3.89	3.84	3.87	3.67	3.61	3.56	3.49	3.41	3.34	3.33

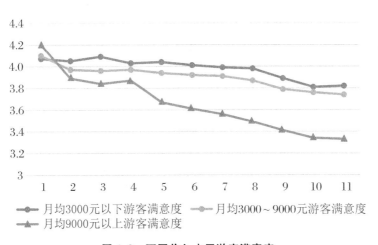

图4.8 不同收入水平游客满意度

根据图4.8,不同收入层次游客心理容量有所不同,但在统计学意义下是否有显著差异呢?这需要进一步检验。为此,先利用 SPSS 软件做出均值图,如图4.9所示,从均值图看到月均3000元以下游客满意度均值最大,月均9000元以上游客满意度均值最小。

第4章 黄山风景区游客满意度评价实证研究

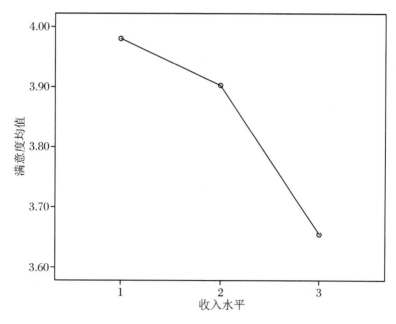

图 4.9 不同收入水平游客满意度均值

进一步利用 SPSS 软件进行单因素方差分析(表 4.17),方差齐性检验未通过($p=0.003$,小于显著水平 0.1,表 4.18)。

表 4.17 单因素方差分析(满意度)

			平方和	df	均方	F	显著性
组间		(组合)	0.632	2	0.316	10.024	1.000
	线性项	对比	0.579	1	0.579	18.401	0.000
		偏差	0.053	1	0.053	1.683	0.204
组内			0.944	30	0.031		
总数			1.577	32			

表 4.18 方差齐性检验(满意度)

Levene 统计量	df_1	df_2	显著性
7.222	2	30	0.003

这里选择 Tamhane 非参数检验,结果(表 4.19)显示月收入 3000 元以下的游客与月收入 3000~9000 元的游客满意度没有显著差异($p=0.249$,大于显著性水平 0.1),月收入 3000 元以下的游客与月收入 9000 元以上的游客满意度有显著差异($p=0.008$,小于显著性水平 0.1),月收入 6000~9000 元的游客与月收入 9000 元以上的游客满意度有显著差异($p=0.043$,小于显著性水平 0.1)。

表 4.19 多重比较(满意度)

	(I)收入水平	(J)收入水平	均值差(I-J)	标准误	显著性	90%置信区间	
						下限	上限
LSD	1	2	0.07727	0.07566	0.315	-0.0772	0.2318
		3	0.32455*	0.07566	0.000	0.1700	0.4791
	2	1	-0.07727	0.07566	0.315	-0.2318	0.0772
		3	0.24727*	0.07566	0.003	0.0928	0.4018
	3	1	-0.32455*	0.07566	0.000	-0.4791	-0.1700
		2	-0.24727*	0.07566	0.003	-0.4018	-0.0928
Tamhane	1	2	0.07727	0.04353	0.249	-0.0362	0.1907
		3	0.32455*	0.08691	0.008	0.0854	0.5637
	2	1	-0.07727	0.04353	0.249	-0.1907	0.0362
		3	0.24727*	0.08789	0.043	0.0068	0.4878
	3	1	-0.32455*	0.08691	0.008	-0.5637	-0.0854
		2	-0.24727*	0.08789	0.043	-0.4878	-0.0068

* 均值差的显著性水平为 0.1。

通过以上逐条分析,得到的结果如表 4.20 所示。

表 4.20 假设验证的结果

假设	调研结果
女性游客心理容量小于男性游客心理容量	不成立
游客心理容量与游客年龄结构相关	成立
游客心理容量与游客文化程度相关	成立
游客心理容量与游客游览黄山次数相关	成立
游客心理容量与游客收入水平相关	成立

为了对影响游客心理容量因素的重要性进行排序,将运用层次分析法对问卷数据进行分析。

(1) 选择黄山风景区游客心理容量影响因素一级指标:通达性、安全性、便捷性、环保性、服务性、舒适性、景观丰富与布局合理性、文化性、旅游纪念品丰富与价格合理性。为了方便调查研究,进一步确立二级指标(表4.21),以便能使被调查者更容易地进行权衡打分。

考虑到被调查者在打分确定权重时会受主观因素影响,我们从专家和游客两方面进行调查。首先根据对专业人士和游客的调查结果,获取从专业角度和游客角度对影响心理容量因素重要性的排序;然后综合两个角度去除得分较低的影响因素,保留前七个影响因素,构造判断矩阵,进行权重分析。

在调查过程中,对被调查的专家采取9标度进行调查,赋值后对影响因素进行量化。对游客则采用简单的选择题的方式,统计结果中影响游客心理容量因素的百分比以确定影响因素的重要性。

对黄山游客关于以上影响游客心理容量因素重要性排序的调查结果如下:服务性13.65%,安全性13.44%,景观丰富与布局合理性12.98%,便捷性12.65%,通达性11.97%,环保性9.88%,舒适性9.66%,文化性8.03%,旅游纪念品丰富与价格合理性7.74%(图4.10)。其中,重要性排在前六位的是服务性、安全性、景观丰富与布局合理性、便捷性、通达性、环保性。

表4.21　黄山风景区游客心理容量影响因素两级指标

通达性	旅游路线数量
	线路连通各景点能力
	线路长短
安全性	治安状况
	台阶防滑情况
	登山扶手牢固性
	灯光照明情况
	旅游消费欺骗状况

续表

便捷性	运用数字技术减少等待时间充分性
	交通车乘坐便捷性
	休息服务设施状况
	卫生间数量和位置分布合理性
环保性	环境卫生质量状况
	景区水质状况
	噪声污染情况
服务性	引导服务水平(态度、效率、数字技术运用情况)
	住宿、餐饮、购物质量与服务水平
	综合服务水平
舒适性	台阶高度与宽度合理性
	休息设施的合理性
景观丰富与布局合理性	景观的可观赏性
	景观的丰富性
	景观的独特性
	登山途中景观分布情况
	山顶景观分布合理性
文化性	景区的文化底蕴
	景区的文化内涵
旅游纪念品丰富与价格合理性	旅游纪念品品种丰富性
	旅游纪念品价格合理性

(2) 游客心理容量影响因素权重计算及检验:根据对游客调查所得结果,对重要性排在前六位的服务性、安全性、景观丰富与布局合理性、便捷性、通达性、环保性这些指标,根据9标度法采用指标两两对比评价获得判断矩阵,基于判断矩阵进一步运用层次分析法对这六个指标进行排序。

① 构造判断矩阵:首先对六个构成要素编号,分别是服务性(A11)、安全性(A12)、景观丰富与布局合理性(A13)、便捷性(A14)、通达性(A15)、环保性(A16)。然后按照两两对比评价表赋值关系,对各构成要素进行相对重要性判断比较,量化后构成比较判断矩阵(表4.22),比较判断矩阵中数值为各专家打分的

算术平均值。

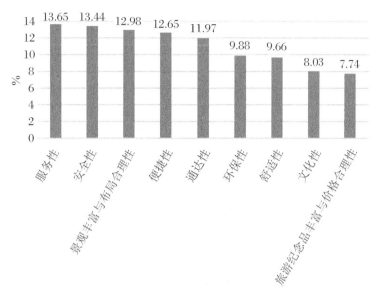

图 4.10　影响游客心理容量因素重要性排序图

表 4.22　比较判断矩阵

A	A11	A12	A13	A14	A15	A16
A11	1	0.341	0.512	0.503	0.243	0.515
A12	2.933	1	1.519	1.521	0.783	1.523
A13	1.953	0.658	1	0.991	0.497	1.013
A14	1.988	0.657	1.009	1	0.488	1.024
A15	4.115	1.277	2.012	2.049	1	2.119
A16	1.941	0.657	0.987	0.977	0.472	1

② 计算判断矩阵的最大特征值与特征向量（相对权重）：应用 SPSS 软件计算出以上判断矩阵的特征值和最大特征值所对应的特征向量，归一化处理后判断矩阵的特征向量为

$$W = (0.1697, 0.1851, 0.1698, 0.1643, 0.1592, 0.1519)^T \quad (\lambda_{\max} = 6.006)$$

（3）一致性检验：对通过层次分析法求出的权重一般要进行一致性检验，具体步骤如下：

① 计算一致性指标 CI,

$$CI = \frac{\lambda_{\max} - n}{n - 1}$$

其中 n 为判断矩阵 A 的阶数，$\lambda_{\max}$ 为判断矩阵 A 的最大特征根。

② 计算一致性比例 CR，

$$CR = \frac{CI}{RI}$$

其中 RI 为平均随机一致性指标，是 CI 的修正系数。当阶数大于 2 时，判断矩阵的一致性指标 CI 与同阶平均一致性指标 RI 的比值为随机一致性比率 CR。当 $CR = \frac{CI}{RI} < 0.1$ 时，认为判断矩阵具有满意的一致性，否则就需要调整判断矩阵，使之有满意的一致性。

对上面判断矩阵矩阵做一致性检验，其检验结果如下：

$$CI = \frac{0.006}{5} = 0.0012, \quad CR = \frac{CI}{RI} = \frac{0.012}{1.24} < 0.1$$

此判断矩阵具有满意的一致性，即得出游客心理容量影响因素的指标权重大小如图 4.11 所示。

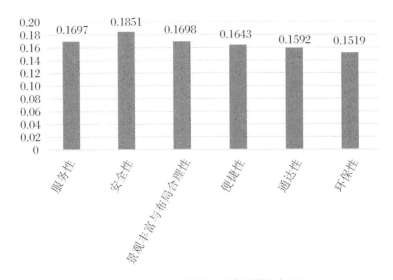

图 4.11 心理容量影响因素的指标权重

根据层次分析法建模结果，在游客心理容量的影响因素中，六个因素的权重排序如下：安全性（0.1851）、景观丰富与布局合理性（0.1698）、服务性（0.1697）、便捷性（0.1643）、通达性（0.1592）、环保性（0.1519）。

4.3.3 小结

本节阐述了旅游环境容量理论的研究现状,并重点探讨了游客心理容量的研究成果。以此为基础对山岳型风景区游客心理容量及其影响因素进行研究。以黄山风景区为实例,以问卷调查法结合数学模型法探讨了黄山风景区游客心理容量的测算思路,并建立了游客心理容量曲线模型,获得了黄山风景区最佳游客心理容量。探讨了游客属性与游客心理容量之间的关系,基于探讨的结果初步总结了影响游客心理容量的主要因素,并结合层次分析法确定了各影响因素的权重,为今后景区管理提供科学参考。本书的主要研究成果有以下几个方面:

(1) 建立黄山风景区游客心理容量曲线模型,在此基础上测算出黄山风景区游客的最佳心理容量为 8612 人;当游客数量低于 11098 人时,能保证大多数游客满意度处于较高水平。这为同类型风景区游客心理容量的测算提供了参考,也为黄山风景区预警系统提供了依据。

(2) 就游客属性与游客心理容量之间的关系进行分析,研究发现相关文献显示女性游客心理容量比男性游客心理容量小,且更容易受到游客数量增加的影响,但在本节中这一假设并不显著;游客心理容量与年龄结构具有相关关系,游客心理容量与游客文化程度有相关关系以及游客心理容量与游客游览黄山次数有相关关系的假设均为显著的,这些研究结果对黄山风景区进行个性化服务具有一定指导意义。

(3) 基于对游客属性的分析和相关文献的参考,本节初步确定影响山岳型风景区游客心理容量的主要因素为服务性、安全性、景观丰富与布局合理性、便捷性、通达性、环保性、舒适性、文化性、旅游纪念品丰富与价格合理性。结合问卷调查及层次分析法对以上因素进行重要性排序与权重分析,获得影响山岳型风景区游客心理容量的主要因素及其权重如下:安全性 0.1851,景观丰富与合理性 0.1698,服务性 0.1697,便捷性 0.1643,通达性 0.1592,环保性 0.1519。这些研究结果对黄山风景区通过相关项目进一步改善以便吸引更多的游客具有积极意义。

4.4 黄山风景区游客满意度结构方程模型

结构方程模型(Structural Equation Modeling,SEM)是带有潜在变量的一种因子分析方法,为当代行为与社会领域量化研究的重要统计方法。结构方程模型是一种实证分析模型,基于各种变量之间的因果关系构建模型,并且对模型进行估计和拟合,被越来越多的学者运用于研究中。

4.4.1 模型设定

在美国顾客满意度指数(American Customer Satisfaction Index,ACSI)模型基础上,结合黄山旅游生态圈发展特点,这里提出游客感知价值与游客满意度、游客忠诚度相关关系的研究假设。研究假设如表4.23所示,游客满意度初始模型如图4.12所示。

表4.23 研究假设

变量	研究假设
H_1	游客成本感知价值对游客满意度有直接的正向作用
H_2	游客成本感知价值对游客忠诚度有间接的正向作用
H_3	游客功能感知价值对游客满意度有直接的正向作用
H_4	游客功能感知价值对游客忠诚度有间接的正向作用
H_5	游客服务感知价值对游客满意度有直接的正向作用
H_6	游客服务感知价值对游客忠诚度有间接的正向作用
H_7	游客满意度对游客忠诚度有直接的正向作用

选取黄山风景区的游客为研究对象,结合黄山风景区的特点,构建衡量游客感知价值的3个潜变量,即游客成本感知价值、游客功能感知价值和游客服务感知价值,并将3个潜变量对应到12个可测变量。其中,游客成本感知价值用门票价格、购物花费、食宿花费这3个可测指标来度量;游客功能感知价值用交通条件、饮食质量、住宿条件、购物环境、景区厕所/休憩设施,以及增长知识见识这6个可测指标来度量;游客服务价值用拥挤现象处理、游客投诉处理、安全保卫工作这3个可测指标来度量。并用游客总体评价指标来测量游客总体满意度,用游客重游意愿和游客推荐游览意愿这两个指标来测量游客忠诚度,一起设立15个可测变量指标,见表4.24。

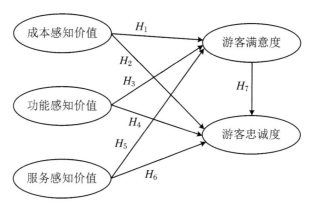

图 4.12 游客满意度初始模型

表 4.24 模型变量对应表

潜变量	可测变量
游客总体满意度	游客总体评价指标
游客忠诚度	游客重游意愿
	游客推荐游览意愿
游客成本感知价值	门票价格
	购物花费
	食宿花费
游客功能感知价值	交通条件
	饮食质量
	住宿条件
	购物环境
	景区厕所/休憩设施
	增长知识见识
游客服务价值	拥挤现象处理
	游客投诉处理
	安全保卫工作

4.4.2 数据搜集与信度检验

对 15 个指标统一采用李克特五级量表进行评价,具体为非常不满意、不满意、一般、满意、非常满意,并分别赋予 1~5 分。2019 年 7~8 月共 11 天在黄山风景区,主要采用等距抽样、交叉配额抽样和方便抽样。结合多种抽样方法,目的是确保调查数据的可靠性、准确性、代表性和广泛性。调查对象为 600 位 14 岁以上愿意配合调查的热心游客。搜集数据后剔除无效问卷,最终得到 568 份样本数据。

信度(reliability)即可靠性,它是指采用同样的方法对同一对象重复测量时所得结果的一致性程度。其中,Cronbach α 信度系数是目前最常用的信度系数,计算公式为

$$\alpha = \frac{k}{k-1}\left(1 - \sum_{i=1}^{k} \frac{s_i^2}{s_p^2}\right)$$

其中,k 为项目个数,s_i^2 为每个项目得分的方差,s_p^2 为总分的方差。

通常认为,信度系数取值应该在 0~1 范围,信度系数越大,表明测量的可信程度越大。如果信度系数在 0.8 以上,则可信度非常高,0.7~0.8 可以接受,0.65~0.7 是可信度较小的可接受范围。而如果 Cronbach α 系数在 0.65 以下,就要考虑重新设计问卷。

表 4.25 Cronbach α 系数及项目个数

Cronbach α 系数	项目个数 N
0.873	15

此外,对问卷中每个潜变量的信度分别检验的结果如表 4.26 所示。从表 4.26 可以看到,所有分量表的 Cronbach α 系数均在 0.7 以上,且总量表的 Cronbach α 系数达到了 0.873,表明此量表的可靠性较高。

表 4.26 潜变量的信度检验

潜变量	可测变量个数	Cronbach α 系数
游客总体满意度	1	0.738
游客忠诚度	2	0.858
游客成本感知价值	3	0.889
游客功能感知价值	6	0.926
游客服务价值	3	0.826

4.4.3 游客满意度分析

这里选择矩结构分析(Analysis of Moment Structures,AMOS)软件对结构方程模型进行拟合,主要包括模型参数估计和对模型评价两个方面。这里使用极大似然法对模型参数进行估计,分析各感知价值对游客满意度和游客忠诚度的影响以及游客满意度对游客忠诚度的影响程度。结果显示,模型拟合指数基本达到要求,初始模型拟合指数选取卡方值、近似误差均方根(Root Mean Square Error of Approximation,RMSEA)、比较拟合指数(Comparative Fit Index,CFI)及信息指数(Akaike Information Criterion,AIC),初始模型拟合指数评价标准及取值如表4.27所示。

表4.27 初始模型拟合指数评价标准及取值

指数	绝对拟合指数		CFI	AIC
	卡方值(自由度)	RMSEA		
评价标准	越小越好	<0.1,好 <0.05,非常好	>0.9	越小越好
结果	1013.219(73)	0.087	0.923	1052.101

估计的参数是否具有统计意义,需要利用参数显著性检验的统计量(Critical Ratio,CR)对路径系数进行显著性检验,CR值是一个Z统计量,由参数估计值与其标准差之比构成,p是原假设参数为0时成立的概率。参数估计结果中有几条路径系数的p值大于显著性水平0.01,从而接受原假设参数为0时成立的结论,显著性检验没有通过,初始模型路径系数估计结果如表4.28所示。

表4.28 初始模型路径系数估计结果

路径	估计值	SE	CR	p
游客满意度←功能感知价值	0.496	0.0859	5.77	***
游客满意度←服务感知价值	0.441	0.0499	8.84	***
游客满意度←成本感知价值	0.178	0.0509	3.50	0.041
游客忠诚度←成本感知价值	0.45	0.0799	5.63	***
游客忠诚度←服务感知价值	0.406	0.0799	5.08	***
游客忠诚度←游客满意度	0.591	0.0689	8.58	***

续表

路径	估计值	SE	CR	p
游客忠诚度←功能感知价值	0.094	0.1319	0.71	0.812
门票价格←成本感知价值	1.000	—	—	—
购物花费←成本感知价值	1.164	0.0519	22.43	***
食宿花费←成本感知价值	0.985	0.0479	20.56	***
交通条件←功能感知价值	1.000	—	—	—
饮食质量←功能感知价值	1.069	0.0878	12.18	***
购物条件←功能感知价值	1.080	0.0868	12.44	***
住宿条件←功能感知价值	1.183	0.0938	12.61	***
景区厕所/休憩设施←功能感知价值	1.267	0.0998	12.70	***
增长知识见识←功能感知价值	1.104	0.0888	12.43	***
拥挤现象处理←服务感知价值	1.000	—	—	—
游客投诉处理←服务感知价值	0.869	0.0297	29.26	***
安全保卫工作←服务感知价值	0.694	0.0317	28.96	***
重游意愿←游客忠诚度	1.000	—	—	—
推荐意愿←游客忠诚度	0.954	0.0475	20.08	***

*** 表示 0.01 水平下显著，$B \leftarrow A$ 中单向箭头"←"表示 A 可能影响 B，但 B 不影响 A。

4.4.4 模型修正

从模型参数的显著性检验可知，"功能感知价值"对应"游客忠诚度"、"成本感知价值"对应"游客满意度"这两条路径的 p 值分别为 0.041 和 0.812，在 0.01 水平下不显著，表明其路径系数和 0 没有显著差异。这说明根据现有搜集到的数据，这两条路径所对应的两个潜在变量之间的影响关系并不存在。故修正模型方法为在初始模型的基础上删掉这两条路径，得到游客满意度修正模型，如图 4.13 所示。

修正后模型拟合指数均符合标准，显示模型拟合得较好，模型修正后拟合指数取值如表 4.29 所示。

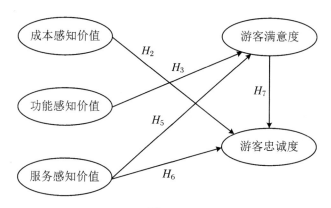

图 4.13

表 4.29 模型修正后拟合指数取值表

指数	绝对拟合指数		CFI	AIC
	卡方值(自由度)	RMSEA		
结果	1004.316(73)	0.082	0.914	1080.614

在参数显著性检验方面,各个路径系数的 p 值均小于 0.01,通过显著性检验,说明在 0.01 水平下具有显著的统计意义。修正模型路径系数估计结果如表 4.30 所示。

表 4.30 修正模型路径系数估计结果

路径	未标准化路径系数估计值	SE	CR	p	标准化路径系数估计值
游客满意度←功能感知价值	0.515	0.059	8.744	***	0.481
游客满意度←服务感知价值	0.314	0.036	8.747	***	0.296
游客忠诚度←成本感知价值	0.355	0.048	7.411	***	0.318
游客忠诚度←服务感知价值	0.310	0.050	6.212	***	0.288
游客忠诚度←游客满意度	0.513	0.055	9.344	***	0.492
门票价格←成本感知价值	1.000	——	——		0.876
购物花费←成本感知价值	1.081	0.040	27.093	***	0.912
食宿花费←成本感知价值	0.902	0.036	25.125	***	0.839
交通条件←功能感知价值	1.000	——	——		0.861

续表

路径	未标准化路径系数估计值	SE	CR	p	标准化路径系数估计值
饮食质量←功能感知价值	0.986	0.078	12.674	***	0.812
购物条件←功能感知价值	0.999	0.078	12.841	***	0.834
住宿条件←功能感知价值	1.099	0.085	12.960	***	0.863
景区厕所/休憩设施←功能感知价值	1.181	0.090	13.151	***	0.897
增长知识见识←功能感知价值	1.017	0.079	12.906	***	0.841
拥挤现象处理←服务感知价值	1.000	—	—	—	0.921
游客投诉处理←服务感知价值	0.933	0.028	32.968	***	0.873
安全保卫工作←服务感知价值	0.757	0.030	24.983	***	0.742
重游意愿←游客忠诚度	1.000	—	—	—	0.816
推荐意愿←游客忠诚度	0.965	0.045	21.302	***	0.797

*** 表示 0.01 水平下显著，B←A 中单向箭头"←"表示 A 可能影响 B，但 B 不影响 A。

模型拟合效果和修正前相比得到改善。根据搜集到的问卷数据重新拟合后得到修正模型路径系数。黄山游客满意度拟合结果如图 4.14 所示。

在结构方程模型中，路径系数部分支持研究假设。根据标准化路径系数可知，功能感知价值、服务感知价值与游客满意度之间的路径系数分别为 0.48 和 0.30，成本感知价值、服务感知价值与游客忠诚度之间的路径系数分别为 0.32 和 0.29，游客满意度与游客忠诚度之间的路径系数为 0.49，这说明游客成本感知价值对游客忠诚度有间接的正向作用(H_2)，游客功能感知价值对游客满意度有直接的正向作用(H_3)，游客服务感知价值对游客满意度有直接的正向作用(H_5)，游客服务感知价值对游客忠诚度有间接的正向作用(H_6)，游客满意度对游客忠诚度有直接的正向作用(H_7)，因此假设通过检验。从各路径系数大小可知，功能感知价值对游客忠诚度的影响是最主要的。

在反映成本感知价值的测量指标中，路径系数均大于 0.80，说明上述测量指标是主要影响因素。根据路径系数大小可知影响最大的为购物花费，购物花费高是当地居民都在反映的现象，因而游客的购物花费在成本感知价值中起着显著的影响作用。在所考察的测量指标中，功能感知价值的最主要影响因素是景区厕所/休憩设施等，路径系数为 0.90。黄山风景区占地面积大、景点多，游客会较多考虑厕所、休憩等基础设施的因素。拥挤现象处理、游客投诉处理、安全保卫工作对服务感知价值的路径系数均处于较高水平,说明这三个测量指标是主要影响因素。重游意愿与推荐意愿对游客忠诚度的路径系数也较高,起着举足轻重的作用。另外,从成本感知价值、功能感知价值和服务感知价值之间的相关系数可知,它们之间存在较强的影响关系,功能感知价值与服务感知价值的关系尤为突出,相关系数高达 0.81。模型修正后相关系数如表 4.31 所示。

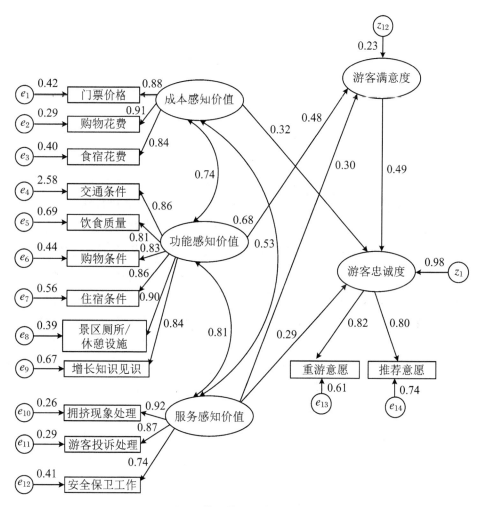

图 4.14 黄山游客满意度拟合结果

表 4.31　模型修正后相关系数

路径	相关系数
功能感知价值↔服务感知价值	0.81
成本感知价值↔功能感知价值	0.74
成本感知价值↔服务感知价值	0.53

4.4.5　结果分析

(1) 常态化监管旅游市场。从游客满意度测量模型看,门票价格、购物花费和食宿花费对成本感知价值起着较大影响。黄山风景区门票代售点和旅游购物点存在不亮证经营、捆绑售票、诱导购票等现象,相关部门应加强对旅游秩序的整治,加大违规行为查处力度,从亮证经营、明码标价、设置票源数据库等方面保护旅游消费者的合法权益。

(2) 完善基础设施。针对交通条件、饮食质量、购物条件、住宿条件、景区厕所/休憩设施、增长知识见识等方面存在的问题,完善景区内基础设施的建设,提升游客功能感知价值以达到提升黄山游客满意度的目的。一是黄山景区交通管理混乱是症结之一,挑客拒载、漫天要价、未打表计费现象普遍,相关部门应对出租车安装计价器以实现监管,加强与驾驶员之间的沟通交流,对游客反映的问题和矛盾,及时有效地解决。二是打通旅游景区"最后一公里",实现高速铁路车站、机场和城市交通、景区的"零换乘",构建无障碍旅游交通网络。三是黄山景区存在厕所革命滞后的问题,重点落实旅游公厕革命工程。四是推进"旅游+文化",以文化生态为核心构建旅游产品体系,以游客需求为导向完善景区公共服务体系,开发特色旅游产品,大力挖掘包括红色文化在内的文化资源。

(3) 提升服务质量。模型拟合结果显示,服务感知价值对游客满意度和游客忠诚度均有一定的影响。一是相关部门可以开展旅游服务知识、文明引导、礼仪基础等方面的培训,提高旅游服务人员服务质量,为游客提供便利服务。二是积极引导旅游企业增强诚信意识,加强行业自律。三是提高旅游接待单位信息咨询、住宿餐饮、导游等服务质量和水平,及时处理旅游投诉。

(4) 提高游客忠诚度。模型模拟结果表明,黄山游客重游意愿和游客推荐意愿在很大程度上影响着游客忠诚度。但是,黄山游客重游意愿与游客推荐意愿并不强烈。因此,要发挥黄山"天下第一奇山"独特优势,拓展"黄山旅游"品牌内涵,突破观光旅游的局限,向休闲度假转变,适应新常态下旅游产业的发展要求,实现旅游产业转型升级。

4.5 基于 IPA 分析的黄山风景区康养旅游满意度研究

本节从黄山市的资源优势、市场定位、产品业态三个方面,重点介绍黄山风景区康养旅游的现状,并从现状中提炼评价指标体系,比较国内旅游行业满意度测评使用的三种方法,即重要性-绩效分析(Importance-Performance Analysis,IPA)、服务质量(SERVQUAL)、服务绩效(SERVPERF)的优势和不足,得出选择重要性-绩效分析方格法分析黄山风景区康养旅游的满意度最为有效。

4.5.1 黄山风景区康养旅游资源

学者凌常荣提出旅游资源首先是一种客观存在物,这是旅游资源的基本属性,除此之外,主观的东西也可以成为旅游资源,如宗教信仰、文学艺术等等[32]。黄山风景区的旅游资源非常丰富,知名度也很高。从结构和质量上看,养生旅游特色明显,资源组合合理,既有自然资源、生态资源,也有文化资源、物产资源,四种不同类型的资源相得益彰。黄山市属于北亚热带湿润性季风气候,夏无酷暑,冬少严寒,气候条件优越。它自古以来就是一个"八山一水一分田"的山区,因而山岳型旅游资源很多,山中物产丰富,盛产各种绿色无污染的水果、药材和茶叶,森林覆盖率高,负氧离子浓度高,其中黄山风景区森林覆盖率、植被覆盖率分别高达 83.4% 和 93%,空气负氧离子浓度连续多年保持高水平,2012 年再攀新高,最高峰值达 26.71 万个,比我国空气负氧离子保健浓度评价标准最高等级(C6 级)高 127 倍,比世界卫生组织规定的"空气清新"标准高 267 倍,对疾病治疗和身体康复极为有利,是健身养生的最佳去处。另外,市域境内水系发达,形成很多的溪、涧、瀑、潭、泉、池、井等流水景观,且水质优良,地表水质常年保持国家一级、一类标准,尤其是黄山四绝之一的温泉,具有极好的养生功效。黄山市源远流长的古徽州文化、宗教文化也是重要的养生旅游资源。黄山市还是新安医学的发祥地,其"固本培元派"提出的"调补气血、固本培元"的治疗思想流传至今,成为当地人们以及旅游者重要的养生保健指导思想。此外,独特的民风民俗也发挥着重要的养生保健作用(表4.32)。

表 4.32 黄山自然与文化养生旅游资源

康养旅游资源类别	项目	优势
自然养生旅游资源	气候	四季温和,夏无酷暑,冬少严寒,空气湿度大
	山岳	空气清新,紫外线充足
	森林	负氧离子浓度高,宜静思养神,可缓解身心压力
	温泉	矿物质和微量元素含量高,消除疲劳,养颜美容,医用价值高
	田园	阳光充足,茶园等田园风光原汁原味
	美食	徽派美食,享誉天下
	茶叶	"茶为治万病之药",解乏消暑,防癌抗癌
	药材	保健康体,祛病强身
文化养生旅游资源	传统医学	"调补气血、固本培元"的养生思想
	民风民俗	可参与性强,有利于放松身心
	建筑文化	观徽派建筑,感受古徽州人的聪明才智

对于现代社会人而言,人们对生活质量特别是环境质量的要求越来越高。无论是高收入的精英阶级,还是普通的中产阶级,出行旅游时,都会选择风景宜人、文化氛围浓厚的旅游目的地。

4.5.2 康养旅游市场

1. 国内市场

开发康养旅游,须具备一定的区位条件,既要与主要城市集聚地保持一定距离,又不能远离主要的客源市场。黄山市作为皖南国际文化示范区的中心城市,在华东、华中、华南交界的地理格局中,具有很大的战略空间价值。从地理位置上看,与苏南、赣北、浙北等旅游区紧密衔接,以上海为龙头的江浙沪经济圈,是世界第六大国际性城市圈,是中国经济最活跃的地区,也是黄山市的主要客源地。此外,黄山地处长江中下游江南区域旅游的重要节点,与长江中上游的湖南西北部、湖北的东北部、长江三峡、四川、重庆等热门旅游地之间,产生客流上的互补效应。

2. 国际市场

黄山世界闻名,是因为其拥有世界顶级的旅游资源与产品。久负盛名的国际旅游杂志《孤独星球》曾多次向海外游客推荐黄山。另外,国外游客对中国的传统文化兴趣浓厚,传统的徽州文化博大精深、源远流长,受程朱理学的传统儒家思想影响深远,使得这些带有古老东方本土文化色彩的旅游资源,越来越多地吸引全世界各个国家和地区的游客。到黄山旅游的国际游客通常经上海、杭州、南京等重要国际口岸城市转道而来,随着中国开放程度进一步加大,拥有世界自然和文化双遗产魅力的黄山,将进一步发挥更加强大的市场号召力。

3. 市场竞争

近年来,随着开放格局不断扩大,黄山持续融入长三角旅游城市圈的势头迅猛,客源市场、产品服务、旅游业态创新、人才供求等竞争日益明显,尤其是以杭州为代表的国际性城市的崛起,深刻影响了长三角区域城市竞争的激烈程度,而旅游业最先受到影响。发达地区旅游城市竞争合作关系的变化,正在对传统意义上的旅游目的地黄山市的市场定位带来深远影响。

4. 消费市场

从年龄层次上看,康养旅游的消费者定位在中老年市场,特别是随着我国人口老龄化的加速到来,老年康养旅游市场"老年团""银发团"逐渐火热。从消费层次上看,以国内收入较高的富裕阶层和中产阶层为主,主要定位在城市工作、学历较高的精英、白领人群,他们对健康有着较为明确的认知和较强的意愿,有足够的时间和经济能力来进行康养旅游。因此,康养旅游的消费市场区分度较为明显。

4.5.3 康养旅游产品

1979年,邓小平同志在黄山发表谈话,他指出,"黄山是发展旅游的好地方,要有点雄心壮志把黄山的牌子打出去",从而揭开了黄山市乃至中国旅游业发展的序幕。在黄山市旅游业的发展历程中形成了以基础层次为主的观光型产品结构,形成了围绕"食住行、游购娱"的旅游产业链开发模式。近年来,黄山市大力发展"全域旅游",提出了"旅游+"战略,在此基础上,形成了旅游+体育、旅游+生态、旅游+农业、旅游+文化、旅游+康养等全要素、大融合的旅游线路和产品开发思路。

1. 山林康养旅游产品

黄山风景区建有森林康养旅游工人疗养院、干部疗养院等基础设施,开发了退休专家疗养、劳动模范疗养为代表的山林康养旅游产品。黄山风景区内山脉绵延,森林茂密,空气清新,环境优美,可充分挖掘世界遗产的养生功效,开展徒步登山运动养生,漫步森林空气养生等旅游活动,培育山林养生旅游品牌。

2. 温泉康养旅游产品

开发以屯溪区醉温泉、黄山飘雪温泉为代表的温泉度假产品,通过温泉美容、温泉 SPA 等,可以消除登山运动劳累之后的疲乏,放松筋骨,舒缓身心。

3. 田园康养旅游产品

风景优美的田园是很多厌倦枯燥生活的城市人向往的地方。综合各农家乐示范点的不同特色,打造"一点一特色,一点一主题"的养生产品。如"布谷鸟儿声声唱,农民播种春耕忙"的春种养生;将网络游戏"偷菜"搬入现实生活,在播种、除草、杀虫、收割的过程中体会收获的满足;此外,还有垂钓养生、田园摄影、野外郊游等。

4. 美食康养旅游产品

黄山风景区培育的将美食养生旅游精品食疗、食补作为一种物美价廉的养生方式的旅游产品,为很多人所接受。黄山是绿色环保之地,一脉绿野山川,遍地绿色食品,各种土特产品、中草药材,营养丰富,养生价值高。辅之徽菜独特的烹调技艺,能够充分发挥出食疗食补的作用。另外,除了在当地进行美食养生之外,还建设了一批绿色食品商店,销售纯正野生绿色滋补食材,如竹笋、香菇、野生蕨菜、黄山灵芝等。

5. 名茶养生康养旅游产品

黄山茶养生旅游产品一方面突出了茶养生旅游的文化内涵,如黄山种茶历史、茶技茶艺;第二方面加强了名茶旅游区建设;第三方面不断开发出名茶旅游新产品,如采摘新茶-制作烘焙-烹茶技艺-品茗遐思的茶文化体验游和以茶会友交往游等。

6. 文化养生旅游产品

围绕黄山众多的文化旅游资源,可开展一系列的文化养生旅游,如静坐修道游、品道茶、观道场,重访名人足迹游、民俗节庆体验游等,在旅游活动中,体味古徽州文化,修身养性,启迪智慧。

4.5.4 满意度指标体系的设计

1. 满意度指标测量方法的选择

国内学者谢彦君总结出旅游活动的本质特征之一在于审美和愉悦的需要[5]。通过查阅文献可以得出,旅游跟其他活动的重要区别之一,在于对美的追寻和享受,而旅游这一内涵特征赋予了旅游者高度的主观预期,假如旅游供给方的行为或者旅游产品不能满足个人的预期,无论旅游产品从客观角度说具备多少功能,或者旅游产品能满足旅游者多少其他的需要,都不能提高旅游者的内在满意度。与服务业其他行业客观质量的衡量相比较,旅游者的期盼和预期显得更主观、更难以捉摸[33]。如果旅游产品的实际表现超过了旅游者的预期,旅游者的满意度就会提高;如果旅游产品的实际表现低于旅游者的预期,旅游者就会有不满意的表现[34]。因此,旅游者是否满意形成的机理,从根本上来说,不是客观旅游产品功能、性价比等满足需要程度的结果,而是旅游产品的实际表现与旅游者期望程度的差异。旅游者的期望和旅游产品的实际表现两个方面,对于旅游满意度的测量而言,缺一不可。

通过查阅相关文献资料知道,相较于 SERVPERF 方法和 SERVQUAL 方法,重要性-绩效分析法的优势,在于把旅游者对重要性的期望程度和旅游产品的实际表现程度很好地结合起来考虑,并把不同旅游影响因子的测量分为两种不同的坐标,可以得出四种不同的象限和矩阵模型。这样不仅可以测出旅游者的实际满意程度,还可以对应不同的象限视角,找出改进影响旅游者满意的因素。所以,运用 IPA 法测量旅游活动,比其他模型简单直观,自由度大,既有理论意义,也有实践意义。IPA 法被引入我国后,结合李克特量表法在旅游研究领域得到了广泛应用,国内学者高志洋通过检索 IPA 法运用的相关文献得出结论,认为 IPA 法已广泛使用在景区、酒店、旅行社等旅游研究领域,已经成为旅游领域里比较成熟的研究方法。

2. 满意度评价指标体系的建立

游客满意度的评价指标体系很多,从康养旅游的角度来说涉及旅游的方方面面,而各个指标涉及的影响因子不仅多,而且相互关联,因此要设计一个地方的康养旅游的满意度指标体系,不仅要敏感地体现顾客满意程度的状态,而且要反映其中存在的问题[35]。不同的游客对不同的旅游产品和服务具有不同的期望值,因此必须科学合理地设计和确定游客的满意度评价指标。

游客满意度评价指标建立的原则一般而言有以下四条:

(1) 科学性。即各个满意度影响因子之间应该具有合理的逻辑关系,各个指标独立完整且相互联系。

(2) 广泛性。即设计的指标和因子能反映旅游的本质因素,把康养旅游最根本、最重要的核心功能概括出来。

(3) 独立性。即不同维度下的因子应该具有一定的差异性,反映不同的方面。

(4) 可行性。即指标体系的设计应该符合游客正常理解的常识,便于后期调研问题设计和问卷互动操作。

由于满意度存在于"吃住行、游购娱"等旅游产业链的全过程,并非简单的一个结果,任何一个环节的期望值和满意度出现问题,都会对总体的满意度产生影响。

本节通过参考文献资料和相关书籍,结合笔者多年的旅游课题调研经历,根据满意度评价指标建立的原则,以及康养旅游的特点,提出了康养旅游的满意度评价指标体系。如表4.33所示,总共有三个层次:第一个层次是总体满意度评价指标;第二个层次是资源条件、康养功能、公共配套、产品开发、效果感知五大维度指标;第三个层次是五大维度下的22项子指标。

表4.33 康养旅游的满意度评价指标体系

第一层 一级指标	第二层 二级指标	第三层 三级指标			
总体满意度	资源条件	自然资源	生态环境	景观质量	人文情况	可参与性
	康养功能	康体保健	休闲养生	运动养生	修身养性	
	公共配套	内外交通	公共服务	住宿接待	餐饮美食	社会环境
	产品开发	管理服务	指引解说	营销策略	游览线路	
	效果感知	产品特色	产品性价比	产品效果	产品创新	

以上通过三个层次的评价指标的建立,最终确定了康养旅游的满意度评价指标体系,在此基础上编制出重要性和满意度的调研问卷。为了进一步验证问卷的科学性和合理性,在景区、酒店、旅行社、度假村等地开展了深度访谈,征集了相关旅游企业经营管理人员的意见,并对指标体系进行了修改,同时采取了问卷预调研的方式,排除重要性低的指标,最终确定了黄山风景区康养旅游的指标体系。

4.5.5 重要性和满意度分析

1. 描述性分析

(1)康养旅游知晓度。为更好地了解康养旅游在大众旅游时代的普及程度,本次问卷也设置了五级量表(表4.34)。从数量上看,游客表示对康养旅游认识程度处于非常了解和比较了解的比例超过了半数,占55.46%,与前些年相比有所增加,这与近年来市场上康养旅游产品雨后春笋般兴起有很大关系。从均值上看,得分为3.81(满分5分)。这些数据也反映出大多数人对康养旅游已有所了解,但还处于模糊的初级水平,所以需要进一步提高康养旅游在大众旅游时代的普及程度,以便更好地去发展康养旅游。

表4.34 康养旅游普及程度调查信息汇总表

普及程度（五级）	频数	百分比(%)	量表	量表值
非常了解	119	20.95	平均数	3.81
比较了解	196	34.51	中位数	4.17
一般了解	163	28.70	标准差	1.01
不太了解	59	10.39	最小值	1
完全不了解	31	5.45	最大值	5

（2）学历。康养旅游是旅游业发展到高级阶段的产物，康养旅游近些年来之所以能够蓬勃发展，一方面是因为经济发展速度快，人均消费水平提高，另一方面是因为人们的受教育程度也逐渐提高，对自身的健康、精神的追求关注更多。通过查阅相关文献资料，受教育程度和康养旅游两者之间联系紧密。故这里对被访者学历进行了调研。在被访游客中，高学历所占比例较大。其中，大学本专科学历被访游客占比达56.16%，研究生及以上学历被访游客占比为15.32%，高中及以下学历被访游客占比为28.52%（见表4.35）。当前旅游已进入大众化发展时代，所以游客群体涵盖了不同教育水平的人群。但总体而言，高学历人群相对而言经济更富有，寻找旅游机会的意识和对信息的敏感性更强，可能更注重生活品质的提高。因此，在本次调查中，大专及以上学历被访游客占比超过七成，这表明到黄山市的国内游客的文化层次属于较高水平，是发展康养旅游的重要消费群体。

表4.35 被访游客学历分布表

学历	初中及以下	高中	专科	本科	研究生及以上	合计
样本数	71	91	149	170	87	568
百分比(%)	12.50	16.02	26.23	29.93	15.32	100

（3）职业特征。从职业特征来看，被访游客覆盖了各阶层不同职业人群。其中，专业技术人员所占比例最高，占被访游客的26.93%，主要包括医生、教师、律师等；其次为白领，占比约为19.21%；再次为公务员或事业单位工作人员，占比为18.19%。数据表明服务类工作人员在游客中占比最小（见图4.15）。我们知道，收入和时间对个人旅游需求的水平和类型均具有重要影响，专业技术人员和公务员以及事业单位工作人员等具有较为稳定的收入和相对充裕的闲暇时光，这为其

提供了旅游的必要条件,从而在很大程度上提高了其旅游意愿。而白领们有较高收入,且一般更具活力,平时相对紧张的工作节奏使得他们更青睐于在闲暇时光去亲近大自然,享受康养旅游带给身心的洗涤。职业分布的占比反映出到黄山市旅游的游客群体工作构成是较为广泛的,各行各业的游客都能在黄山康养旅游中寻找自己的需要。

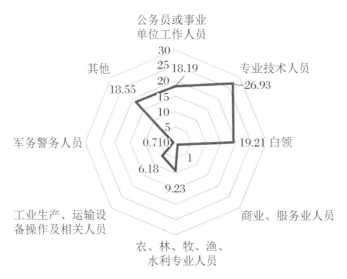

图 4.15 被访游客职业

(4) 收入水平情况。在被访游客中,月收入在 5000~9000 元的最多,占 50.35%;月收入在 9000 元以上的占 23.59%(见图 4.16)。旅游虽已进入大众化时代,但旅游并不是人们生活的必需品,而是一种除去基本生活消费之外需要额外支付的产品和服务,故一个人的收入水平对其个人的旅游需求会产生重大的影响。而康养旅游的附加值较大,消费层次较高,从调查结果发现到黄山市旅游的游客群体的收入构成基本处于稳定的中上等水平,消费潜力较大。

(5) 健康状况。健康状况直接影响旅游者的康养需求,也是康养旅游存在的重要依据之一。数据显示,到黄山旅游的游客处于良好状态的仅占 19%,处于一般状态的占 68%,处于亚健康状态的占 9.4%,一般和亚健康状态合计占 77.4%,与世界卫生组织调查的处于健康和疾病之间的群体比例相一致。

(6) 重要性指标排序情况。如表 4.36 所示,黄山市康养旅游重要性的期望均值在 4.22~4.53 范围,说明国内到访游客对调查的 22 项影响指标的期望值比较高,处于比较重要和非常重要之间。指标的标准偏差的上限为 0.913,下限为 0.396,

表明被访者意见一致,差别不大。

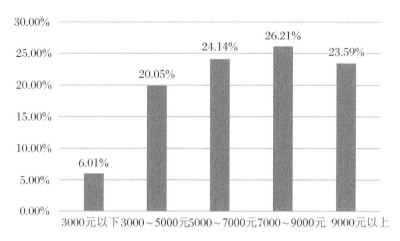

图 4.16　被访游客收入分布

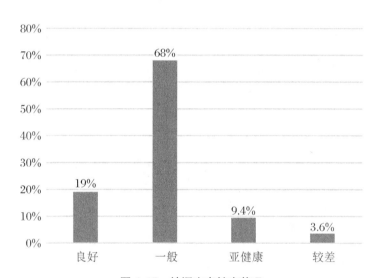

图 4.17　被调查者健康状况

表 4.36　黄山风景区康养旅游影响因素重要性指标排序

序号	影响因素	平均值	标准差
1	自然资源	4.53	0.679
2	内外交通	4.51	0.714
3	管理服务	4.50	0.672
4	生态环境	4.48	0.734
5	餐饮美食	4.46	0.699
6	住宿接待	4.44	0.657
7	社会环境	4.43	0.749
8	公共服务	4.41	0.514
9	产品创新	4.39	0.812
10	休闲养生	4.38	0.593
11	产品特色	4.37	0.773
12	产品性价比	4.36	0.615
13	运动养生	4.35	0.437
14	康体保健	4.32	0.396
15	景观质量	4.31	0.871
16	可参与性	4.30	0.843
17	指引解说	4.30	0.912
18	人文情况	4.28	0.761
19	修身养性	4.26	0.869
20	游览线路	4.25	0.846
21	产品效果	4.23	0.913
22	营销策略	4.22	0.612

(7) 影响因素满意度排序情况。游客对黄山市康养旅游的总体满意度为 4.13,处于比较满意以上水平,标准差为 0.813,总体上偏差不大。具体到各项影响指标,如表 4.37 所示,满意度的均值为 4.12,与总体满意度的分值趋于一致,说明问卷各项满意度指标与总体满意度指标逻辑检验结果相符合,从侧面交叉验证问卷测量可靠性大。标准差的上限为 1.039,下限为 0.396,与重要性均值的偏差

相比较大,说明在满意度方面,游客对具体的指标有不同的态度和看法。

表 4.37 黄山风景区旅游影响因素满意度排序

序号	影响因素	平均值	标准差
1	自然资源	4.43	0.829
2	生态环境	4.41	0.864
3	管理服务	4.40	0.822
4	内外交通	4.38	0.884
5	运动养生	4.37	0.849
6	游览线路	4.34	0.807
7	社会环境	4.34	0.749
8	公共服务	4.32	0.514
9	康体保健	4.30	0.812
10	休闲养生	4.29	0.593
11	可参与性	4.28	0.773
12	产品性价比	4.27	0.615
13	餐饮美食	4.26	0.437
14	产品创新	4.23	0.396
15	住宿接待	4.22	0.871
16	产品特色	4.21	0.843
17	指引解说	4.21	1.039
18	修身养性	4.19	0.888
19	人文情况	4.17	0.996
20	景观质量	4.16	0.973
21	产品效果	4.14	1.040
22	营销策略	4.13	0.739

2. 重要性和满意度配对分析

配对样本 T 检验的目的是利用来自两个总体的配对样本,推断两个总体的均值是否存在显著差异。其检验思路就是做差值,转化为单样本 T 检验,最后转化为对差值序列总体均值是否与零有显著差异做检验。开展 T 检验的前提是变量是独立变量,有两组相关样本,且服从正态分布。黄山风景区康养旅游影响因素指标的重要性和满意度两组数据符合假设前提,因此,开展配对样本 T 检验,可以进一步比较重要性和满意度的数据是否存在显著差异。表 4.38 说明了重要性的均值大部分超过了满意度的均值,表 4.39 说明了重要性的均值大于满意度的均值。

表 4.38 重要性和满意度的配对样本及均值差

序号	影响因素	重要性平均值	满意度均值	均值差
1	自然资源	4.53	4.43	0.10
2	内外交通	4.51	4.38	0.13
3	管理服务	4.50	4.40	0.10
4	生态环境	4.48	4.41	0.07
5	餐饮美食	4.46	4.26	0.20
6	住宿接待	4.44	4.22	0.22
7	社会环境	4.43	4.34	0.09
8	公共服务	4.41	4.32	0.09
9	产品创新	4.39	4.23	0.16
10	休闲养生	4.38	4.29	0.09
11	产品特色	4.37	4.21	0.16
12	产品性价比	4.36	4.27	0.09
13	运动养生	4.35	4.37	−0.02
14	康体保健	4.32	4.30	0.02
15	景观质量	4.31	4.16	0.15
16	可参与性	4.30	4.28	0.02
17	指引解说	4.30	4.21	0.09
18	修身养性	4.28	4.17	0.11
19	人文情况	4.26	4.19	0.07
20	游览线路	4.25	4.34	−0.09
21	产品效果	4.23	4.14	0.09
22	营销策略	4.22	4.13	0.09

利用 SPSS 软件对两组数据进行配对样本 T 检验,结果显示在 90% 置信度下

具有显著差异(p 值 0.001<0.1,见表 4.40),而且重要性的均值大部分超过了满意度的均值,结果显示游客对黄山旅游康养旅游的产品期望程度较高,满意度相对较低,反映了康养旅游产品开发还存在一些问题和不足。

表 4.39 配对样本统计量

	均值	N	标准差	均值的标准误
重要程度	4.2676	21	0.08619	0.01881
满意度	4.3595	21	0.08891	0.01940

表 4.40 配对样本检验

	成对差分					t	df	$Sig.$(双侧)
	均值	标准差	均值的标准差	差分的 95% 置信区间				
				下限	上限			
重要程度 - 满意度	-0.09190	0.07054	0.01539	-0.12402	-0.05979	-5.970	20	0.000

3. IPA 模型散点图分析

设重要性变量的数据为横轴(x 轴),满意度变量的数据为纵轴(y 轴),重要性变量的均值为 x 轴的参考轴,满意度变量的均值为 y 轴的参考轴,这样将坐标平面划分成四个象限,如图 4.18 所示。将调查所得到的黄山康养旅游的 22 项影响指标对应到 IPA 方格象限中,可以得到四个区域。

4.5.6 现状及原因分析

根据黄山康养旅游影响因素指标的相关实证分析,可知游客对黄山康养旅游的满意度尚可,有 10 个指标落入了 IPA 散点图的第一象限,这说明游客对这 10 个重要指标的满意度较高,但总体而言满意度还是低于游客的期望程度。进一步,从游客的停留时间、重游次数等具体指标分析,游客的实际满意度表现不佳,无论是与先进地区的康养旅游发展相比,还是与自身的区位优势和资源品味相比,黄山康养旅游还有很大的改进空间。

1. 观光旅游导致了发展的遮蔽效应

先分析第一象限,这是重要性和满意度都很高的区域。可以看出,"1. 自然资

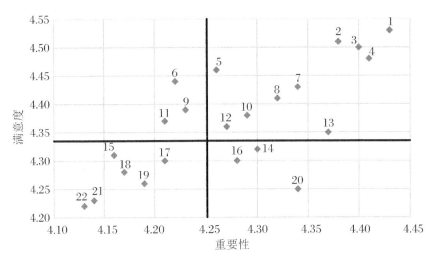

图 4.18 IPA 模型分析散点图

1. 自然资源；2. 内外交通；3. 管理服务；4. 生态环境；5. 餐饮美食；6. 住宿接待；7. 社会环境；8. 公共服务；9. 产品创新；10. 休闲养生；11. 产品特色；12. 产品性价比；13. 运动养生；14. 康体保健；15. 景观质量；16. 可参与性；17. 指引解说；18. 修身养性；19. 人文情况；20. 游览线路；21. 产品效果；22. 营销策略。

源""2. 内外交通""3. 管理服务""4. 生态环境""5. 餐饮美食""7. 社会环境""8. 公共服务""10. 休闲养生""12. 产品性价比""13. 运动养生"10 个影响指标落入此象限。从前文分析可以看出，黄山拥有世界顶级的自然资源和文化资源，在全世界山岳型风景区中具有很高的知名度和地位，是典型的名副其实和名声在外的旅游资源，生态环境绝佳，品牌感召力较大。黄山民风淳朴，政府治理较好，多年来，营造了非常良好的社会环境，提供了旅游者需要的公共服务，相比其他一些景区而言，欺客宰客、扰乱市场秩序的行为得到了较为有效的遏制。近年来，由于智慧旅游平台的运用逐渐成熟，黄山在内外交通、管理服务、公共服务等重要指标方面的满意度也得到了很大提升。但由于黄山景区在黄山市其他景区当中太过于突出，其他景区资源如齐云山景区等，因地处同一市区，一直处于被黄山遮蔽的状态，抑制了其他景区的发展，不利于全市旅游经济效益的提高，可借鉴黄山经验，带动其他旅游景区发展康养旅游产业。

2. 自己独特的产品和市场有待进一步加强

再考虑第二象限，这是重要性低、满意度高的区域。可以看到"6. 住宿接待""9. 产品创新""11. 产品特色"3 个影响指标落入这个象限。目前，黄山市全市已经纳入国家旅游局颁布的"全域旅游示范区"名单。"旅游+"思维和全域旅游的理念,为黄山市旅游经济发展提供了新的思维。但是"旅游+体育""旅游+养生"等发展模式目前大多停留在口号阶段,尚未开发出适合市场需要的康养旅游产品,也缺乏承载相应功能的康养旅游基地。国内少数省份和地区如河北省秦皇岛市、四川省攀枝花市、广西壮族自治区巴马县等已经在摸索中先行一步,结合本地旅游资源和市场定位,不仅开发了适销对路的康养旅游线路和产品,而且形成了独具特色的康养旅游品牌,如广西巴马县打造"长寿养生国际旅游区",四川攀枝花市打造"国际阳光康养度假胜地"。从旅游的区位看,黄山旅游总体是围绕着景区来发展的,在旅游区位角度从属于旅游景区。黄山市的旅游发展目前还是景区带动型的模式,景区的影响强于城市,康养旅游发展动力不足。黄山市旅游资源得天独厚,早期的旅游发展得益于门票经济和导游经济,旅游景区门票和旅游商品成为消费主体。无论是景区的经营者,还是景区周边的社区居民,皆以此为谋生手段,取得了较好的收益,但存在小富即安的思想。由于产品类型比较单一,特色不够鲜明,同质性比较严重,市场感召力较弱,所以整个区域的核心竞争力相对较弱,旅游新业态的创新设计能力较弱,不利于康养旅游的生存和发展。

3. 旅游新业态面临发展新机遇

现在考察第三象限,这是重要性低、满意度低的区域。"15. 景观质量""17. 指引解说""18. 修身养性""19. 人文情况""21. 产品效果""22. 营销策略"6个影响指标落入该象限。当前,我国已经迈入经济"新常态"阶段,经济发展保持下行趋稳态势。而旅游业因其产业关联度高、带动消费规模大、业态和产品融合度高而备受青睐,获得了难得的发展机遇。统计数据显示,美国的健康服务消费产业占GDP的15%,加拿大、日本等国健康服务消费产业占各自国家GDP的比例也超过10%。而我国的康养旅游消费产业仅占GDP的4%,市场发展潜力巨大。无论是60岁以上的老年群体,还是对健康有着高要求的白领精英,无论是处于亚健康状态的普通大众,还是正处于恢复疗养的病人,这些群体都是康养旅游的潜在消费对象,康养旅游产业是未来旅游市场发展的新蓝海。在经济新常态背景下,旅游业必将成为我国新时代经济发展的重要引擎,也必将获得国家层面的多方面支持。黄山市地处皖南国际文化旅游示范区的核心区,旅游业发展的条件得天独厚。习近平同志在党的十九大报告中提出"实施健康中国战略",这是新时代中国特色社会主义的一项重要战略安排。近年来,为了促进旅游业发展,加快旅游业转型升级,国家层面出台了一系列有关旅游业发展政策文件(表4.41)。

表 4.41 中国康养旅游相关政策文件

时间	文件	时间	文件
2009 年	《国务院关于加快发展旅游业的意见》	2015 年	《国务院办公厅关于进一步促进旅游投资和消费的若干意见》
2013 年	《国民旅游休闲纲要（2013～2020）》	2016 年	《国家康养旅游示范基地标准》
2013 年	《国务院关于促进健康服务业发展的若干意见》	2016 年	《"健康中国 2030"规划纲要》
2013 年	《国务院关于加快发展养老服务业的若干意见》	2017 年	《"十三五"旅游业发展规划》
2014 年	《国务院关于促进旅游业改革发展的若干意见》	2017 年	《关于促进健康旅游发展的指导意见》

这些文件形成了康养旅游的顶层设计框架，使康养旅游逐步进入规范化发展的道路。在国务院印发的《"十三五"旅游业发展规划》中也明确指出我国旅游业要促进旅游与健康医疗融合发展，大力发展中医药健康旅游，开发多样化老年旅游产品，建设综合性康养旅游基地与森林养生基地等。2017 年，国家旅游局联合国家卫计委、国家发改委、国家财政部、国家中医药局等多部门出台了《关于促进健康旅游发展的指导意见》，对发展康养旅游提出了更加具体明确的相关要求、指导意见和实施办法。以上重要文件的密集出台，为康养旅游的发展带来了重大的发展机遇。2021 年 1 月 25 日，地方标准《康养旅游　养生旅游服务规范》（DB 34/T 3875—2021）由安徽省市场监督管理局发布。《康养旅游　养生旅游服务规范》于 2021 年 2 月 25 日实施，是一项地方标准，归口于安徽省文化和旅游厅。其中规定了养生旅游服务的术语和定义、基本要求、服务要求和服务质量控制与改进。该标准适用于养生旅游服务。该规范的发布实施进一步说明，随着环境恶化、亚健康、老龄化加重等问题的出现，我国政府和人民对于养生旅游的重视程度持续上升。总的说来，我国养生旅游市场已具备一定规模，现已成为亚太地区主要的消费市场之一，但是与国外相对成熟的养生旅游市场相比，差距依然不小。

4. 区域旅游业竞争更加激烈

最后考虑第四象限，这是重要性高、满意度低的区域。"14. 康体保健""16. 可参与性""20. 游览线路"3 个影响指标落入此象限。随着各地政府越来越重视旅游业的发展,无论是安徽省内还是省外,旅游竞争的激烈程度越来越白热化。黄山市因旅游立市,处于华东地区经济不发达城市带,也不是人口稠密的地区,旅游发展的内生增长动力较为薄弱。就外部来说,黄山市康养旅游,一是面临着传统景区的竞争,如泰山、九寨沟和张家界等景区的接待游客均超过黄山;二是面临着周边芜湖方特、嘉兴乌镇和上海迪斯尼等替代旅游产品的竞争,对黄山旅游市场产生了巨大的影响;三是面临着其他行业主体,如地产、农业、保险等的冲击,特别是以互联网为代表的新兴企业,排名前10位的,有9位投资了旅游业,导致旅游业竞争更加激烈。所以须对"14. 康体保健""16. 可参与性""20. 游览线路"3个重要性高的影响指标要着重进一步改善,使黄山康养旅游更具竞争力。

第 5 章 黄山风景区发展对策与建议

从调查数据和反映出的景区存在问题来看,黄山风景区已经实现智慧管理,只是管理尚不够精、不够细,很多细节还有待进一步完善,因此游客对景区的产品和服务满意度有进一步的提升空间。因此,景区亟须进一步深化智慧型精细化管理,而不能像传统旅游业那样仅仅针对发现的问题提出改善措施,要建立一套完整的景区智慧型精细化管理系统,通过做精做细从根本上解决管理中存在的问题。这里建议可以通过以下几条措施来对景区实施智慧型精细化管理,从而全面地提高景区的管理能力。

1. 建设景区智慧管理信息系统,实现智慧型精准管理

要想从根本上提升旅游景区的管理能力,就必须实行智慧型精细化管理。智慧型精细化管理的首要工作就是让旅游景区运转可视化,把无形的服务和产品变成有形的。建立旅游景区信息系统后,可以为景区管理者提供无数双眼睛,让景区的环境动态、气候情况、动植物情况、道路和交通情况、预期游客游览人数、景区内实时游客数量等景区内所有的动态信息都在景区管理者的掌控中,景区管理者能在第一时间对任何突发情况做出反应,尽量将可能产生的危机控制在萌芽状态,让无形服务可视化,实现精准控制。

黄山风景区智慧管理信息系统可以由信息基础设施、数据中心、信息管理平台和综合决策平台构成。智慧管理信息系统按照以下步骤进行工作:首先,通过物联网技术将射频识别(RFTD)、传感器、二维码等信息传感设备植入景区门票以及道路、桥梁、建筑、植物等景区内的各种物体中,实时监控旅游景区内的动态,实现对景区更透彻的感知。其次,通过订票系统预计景区未来一段时间内的游客人数,针对游客多的时间,提前安排好工作人员,并采取一些应急措施,提前控制前来游览的人数,避免超出景区的最大容量;通过售票系统和门禁系统实时了解景区游客量,向景区内外的游客发布游客量信息,并通过天网系统了解景区内天气、景观以及游客的分布和动态,为游客自行分流提供信息。将这些信息都汇总至旅游景区后台数据中心,通过云计算、模糊识别等大数据处理技术,对数据中心的数据进行分析和处理,上传至信息管理平台。最后,景区管理者通过信息管理平台掌握整个景区的实时情况,并通过综合决策平台对景区的管理下达指令,并将指令发布在信息管理平台上,相关工作人员根据信息管理平台指令开展工作。通过建设智慧管理信息系统,最终实现对旅游景区的可视化管理和精准控制。

2. 注重细节,不断优化基础设施,提升游客体验

调查数据显示,游客对景区内的一些基础设施满意度尚有进一步的提升空间,因此,景区需要根据顾客需求不断对基础设施进行优化。

第一,通过智慧型精细管理进一步优化景区内外交通。比如,通过采购外部服务或者自行成立车队,在黄山南大门汤口以及北大门太平集散中心,实现景区内外交通的无缝链接。

第二,统一规范景区内路牌和交通标识、景区游览指引和标识牌等,在各标识牌上添加二维码,方便游客随时获取全景地图,从而让游客能在景区内更顺畅地游览。

第三,优化景区内垃圾桶、卫生间等基础设置。通过调查,找出垃圾桶和卫生间设置的最佳位置和数量,保证卫生间整洁,方便游客使用,提升游客体验感。

通过优化基础设施,做好每一个细节,让游客从前往景区开始,到在景区内的游览都是方便的、快捷的。

3. 精准定位,细分游客,根据景区条件和不同游客需求提供更有效的服务

实行旅游景区精细化管理,就需要做好精准定位,确定提供的服务都是有针对性的、游客需要的、有效的,或者是超出游客期望的服务,这样才能够将有限的资源充分使用,为游客提供更好的服务体验。

(1) 精准定位,准确营销。

从景区景致词云图以及黄山景物的特点来看,景区应该充分运用黄山四绝"奇松、怪石、云海、温泉"特色景观开展观景旅游,推出相应的旅游活动。对目标客户群进行精准营销。那么周边旅游客户群是景区首要营销的群体。从游客获取景区信息渠道的偏好,景区可以通过旅行社组织相应的观景旅游团队,也可以通过互联网,如官方网站、微信、微博等方式向游客进行精准营销。

从景区发展来看,景区希望发展休闲度假、康养旅游等,也是为了跳出景区"门票经济"的怪圈,虽然目前没有十分有影响力的产品,也没有形成客源市场,但是景区可以开发和培育休闲度假、康养旅游的客源市场。由于休闲度假、康养旅游的主要人群为经济收入较高的人群,因此,景区可以对周边发达的江浙地区进行广泛宣传和营销,借助高铁的广泛建设和开通,一定能培育出一个非常有潜力的市场。

(2) 细分游客,实行针对性营销和提供有效服务。

景区细分新老游客,对新老游客采取不同的营销措施。对于新游客,景区可以加大营销力度,提高景区的知名度;对于老游客,可以通过发行次卡或者年卡等游客喜爱的方式提高他们的重游率,将游客的重游意愿转化为实际游览行为。

景区结合游客的年龄和旅游动机,可以将游客细分为具有不同特征的客户群,然后针对每类客户群的独特需求提供个性化的服务资源(见表5.1),让景区的服务资源得到合理配置,保证提供的服务都是游客需要的,是有效的。

表 5.1 游客细分及服务资源重点配置

按年龄细分	按旅游动机细分	需求侧重点	服务资源重点配置
18岁以下中小学生	科普教育	动植物资源、地形地貌资源	动植物标本相关知识、地形地貌相关知识
19~59岁中青年	观光旅游	景观资源	花期、溪流、瀑布、水流情况,天气预报
	休闲度假	休闲设施	酒店客房、美食、健身房、书吧、咖啡厅等休闲娱乐信息
	摄影写生	摄影资源	景区四季摄影写生指南
60岁及以上老年人	观光旅游	景观资源	花期、溪流、瀑布、水流情况,天气预报,登山杖
	休闲度假	休闲设施	酒店客房、美食、书吧、咖啡厅等休闲娱乐信息
	康体养生	康体项目、医疗设施	药浴、按摩理疗、基础医疗服务

4. 严控服务和产品质量,不断完善服务规范体系

不断完善整理景区现有的服务和生产方面的管理准则和条例,根据实际业务操作流程重新编制,保证制定出的各种规范是切实可行、全面完整的。制定出服务和产品生产规范后,需要加强对员工的岗位培训,让员工能够按照规范来指导自己的服务,而且对这些服务和产品生产规范在对应的工作区域进行张贴,时时提醒工作人员,按规范操作。

不断完善服务规范体系,就必须对景区内的业务流程定期进行梳理,通过精简流程不断优化业务操作,制定切实可行的服务和产品生产规范,让服务人员通过规范化、标准化的操作来提供服务和产品,保证服务和产品质量的稳定性。

如何做到精简流程？首先,要推行扁平化的组织结构,实现资源整合,形成富有效率的组织架构,让信息能准确、快速传递;其次,梳理景区内的业务流程,寻求最短工时,找到最有效率的工作方法,并且将工作方法形成规范,实现标准化服务、规范化服务;最后,建立游客数据库信息系统,存储并管理众多游客的相关信息,使得服务人员从游客数据库中方便获得准确资料,占有足够丰富信息,并做好对这些信息的搜集、整理、归纳和分析工作,使景区服务质量管理概念清晰、方向明确,精确瞄准并满足游客的需要与期望,增强景区应对市场的能力。

5. 不断挖掘员工的潜力,培养更多精英员工

景区通过向游客提供有形的产品和无形的服务,来满足游客旅游的各种需求。不管是有形的产品还是无形的服务,都需要通过员工来完成,因此员工的素质在很大程度上决定了景区产品和服务的质量。可以说,游客满意度跟景区员工素质息息相关。因此,需要充分挖掘员工的潜力,培养更多精英员工,以期进一步提升游客满意度。

具体来说,可以通过考核和激励两种方式双管齐下挖掘员工的潜力。旅游景区通过建立层次明确、维度多样、方式多变的完整的绩效考核系统,系统评价景区员工的工作绩效,将考核结果与员工的绩效挂钩,从而可激发员工学习和工作的积极性。通过综合运用正负激励措施,比如物质激励、目标激烈、参与激励、荣誉和升职激励、培训与发展机会激励等正激励措施,或批评、减少绩效、降职甚至开除等负激励措施来激励员工,挖掘员工的潜力。

通过教育和培训提升员工的素养,培养精英员工。员工除了自学提高自己的工作能力以外,景区也应该为员工的成长提供更多的机会,创造更多的学习条件。景区可通过鼓励、支持景区在岗员工采取半脱产或者脱产的形式参加各种专业学习,让尽可能多的员工有接受系统教育的机会,提高他们的职业道德素质、政治理论素养和专业技能等。建立和完善岗位培训制度,定期组织景区员工参加岗位培训,加强对参训人员的培训考核,确保岗位培训的质量。

6. 针对管理过程成立专门的监督机构,完善监督功能

针对管理过程成立专门的监督机构,最终目的是为游客提供更有效的产品和服务,让景区管理形成一个完整的体系。

在旅游景区的智慧型精细化管理过程中,虽然有完善、细致的规章制度、规范标准,但是还需要对管理的过程进行监督和控制,成立专门的监督机构,才能保证智慧型精细化管理的各项措施能够完整、高效地执行。

监督机构的员工要从一般的工作事务中抽离出来,他们不负责具体服务和产品,也不负责管理工作,他们的主要职责就是对景区员工的工作进行检查、监督,将发现的问题上报相关业务部门,由业务部门自行处理;对景区内餐饮、酒店、商店等其他私营服务机构进行监督,保证他们按照景区规范来提供产品和服务,而且提供的产品和服务是质价相符的,杜绝坐地起价、销售不合格产品和服务的情况。

附录1 黄山风景区游客满意度研究抽样调查问卷

尊敬的先生/女士:

您好,我们正在进行关于黄山风景区游客体验的调查,希望您能提供参考意见,感谢您的积极配合以及对我们的研究所做的贡献,谢谢!

【对景区的评价】

请您分别在视觉、听觉、触觉和行动感觉项目里选择您登山过程的真实感受,并在相应选项上打钩。

项目	非常满意	满意	一般	不满意	非常不满意
视觉	人数少,视线无遮挡	人数较少,视线稍有遮挡	感觉一般	人数较多,视线较多被遮挡	拥挤不堪,视线大量被遮挡
听觉	人数少,很安静	人数较少,比较安静	感觉一般	人数较多,比较吵	拥挤不堪,非常吵
触觉	人数少,和他人无接触	人数较少,偶尔有接触	感觉一般	人数较多,时有接触	拥挤不堪,不断碰到他人
行动感觉	人数少,无任何障碍	人数较少,偶尔有障碍	感觉一般	人数较多,行动不自由	拥挤不堪,到处受阻

评价指标		非常重要 5分	重要 4分	一般 3分	不重要 2分	非常不重要 1分	非常满意 5分	满意 4分	一般 3分	不满意 2分	非常不满意 1分
资源条件	自然资源										
	生态环境										
	景观质量										
	人文情况										
	可参与性										
康养功能	康体保健										
	休闲养生										
	运动养生										
	修身养性										
公共配套	内外交通										
	公共服务										
	住宿接待										
	餐饮美食										
	社会环境										
产品开发	管理服务										
	指引解说										
	营销策略										
	游览线路										
效果感知	产品特色										
	产品性价比										
	产品效果										
	产品创新										

【个人旅游认知调查】

1. (多选)您日常旅游的主要目的是什么?

    A. 观光游览

    B. 休闲度假

    C. 康体养生

    D. 摄影写生

    E. 科学考察

    F. 商务会议

    G. 其他

2. 您的旅游方式是什么?

    A. 跟团

    B. 自驾

    C. 公共交通

    D. 拼车

    E. 其他

3. 您的购票方式是什么?

    A. 景区窗口购票

    B. 网络订票

    C. 旅行社订票

    D. 其他

4. 您来自哪里?

    A. 黄山市(含县区)

    B. 安徽省内黄山市外

    C. 安徽省外

5. (多选)您选择黄山风景区旅游的原因是什么?

    A. 离黄山风景区比较近,方便

    B. 黄山风景区景色宜人,特别钟爱

    C. 喜欢山水类自然风景

    D. 其他

6. 您来黄山风景区几次了?

    A. 一次

B. 两次

C. 三次

D. 四次及以上

7. (多选)您是通过何种途径了解黄山风景区的?

A. 亲戚朋友介绍

B. 报刊、旅游书籍

C. 旅行社

D. 电视、广播

E. 户外广告、展示牌

F. 宣传手册

G. 互联网

H. 其他

8. 您的同伴是谁?

A. 无

B. 家人或亲戚

C. 同学/同事/朋友

D. 其他

9. 您预计停留多长时间?

A. 1天

B. 2天

C. 3天

D. 4天及以上

10. 是否有人向您推荐过黄山风景区?

A. 是

B. 否

11. 您再次来黄山风景区游览的意愿如何?

A. 非常强烈

B. 一般

C. 不确定

D. 无

12. 您推荐您认识的人来黄山风景区游览的意向如何?

A. 强烈推荐

B. 推荐

C. 不确定

D. 不推荐

E. 绝对不推荐

【个人基本信息】

1. 您的年龄是（　　）。

A. 18 岁以下

B. 18～29 岁

C. 30～39 岁

D. 40～49 岁

E. 50～59 岁

F. 60 岁及以上

2. 您的性别是（　　）。

A. 男

B. 女

3. 您的学历是（　　）。

A. 初中及以下

B. 高中

C. 专科

D. 本科

E. 研究生

4. 您的就业状态是（　　）。

A. 全职

B. 兼职

C. 退休

D. 待业

5. 您的职业类型是（　　）。

A. 公务员或事业单位工作人员

B. 专业技术人员

C. 白领

D. 商业、服务业人员

E. 农、林、牧、渔、水利人员

F. 工业生产、运输设备操作及相关人员

G. 军务、警务人员

H. 其他

6. 您的职位是(　　)。

A. 普通职员

B. 中层管理、技术人员

C. 高层管理、技术人员

7. 您的家庭人均月收入是(　　)。

A. 3000 元以下

B. 3000～5000 元

C. 5000～7000 元

D. 7000～9000 元

E. 9000 元以上

再次感谢您对我们工作的大力支持,谢谢! 祝您旅途愉快!

附录2 安徽省"十四五"旅游业发展规划

安徽省"十四五"旅游业发展规划,根据《安徽省国民经济和社会发展第十四个五年规划和2035年远景目标纲要》编制,主要明确"十四五"时期安徽旅游业发展指导思想、发展目标、总体布局、主要任务和保障措施,是未来五年和今后一段时期全省旅游业高质量发展的重要依据和行动指南。

第一章 把握机遇 开启发展新征程

第一节 "十三五"旅游业发展成就

"十三五"时期是国内外经济形势错综复杂和旅游市场供求形势深刻变化的五年,也是全省旅游业在困难中开拓前行、在转型中创新突破的五年。全省旅游系统紧紧围绕省委、省政府中心工作,加大创新力度,加快发展步伐,圆满完成"十三五"规划主要目标任务,为推进全省经济社会发展做出了积极贡献,也为加快培育旅游业成为全省支柱性产业奠定了坚实基础。

改革不断拓展深化,发展活力明显增强。按照中央及省委部署要求,省、市、县(区)文化和旅游机构合并改革全部到位,资源、产业、市场等融合深入推进,文化和旅游"1+1>2"的融合效应显现。省委、省政府召开高规格旅游业发展大会,先后出台10多个促进产业发展的文件,各市和大部分县(区)都将旅游业作为支柱产业培育打造,发展氛围更加浓厚。顺应大众旅游发展的新趋势,推动旅游发展由"景点旅游"转向"全域旅游",5个县(区)成功创建国家全域旅游示范区,旅游成为人民幸福生活的必需品。

产业转型升级步伐明显加快,综合实力进一步增强。 旅游强省"五个一批"重点工程建设强力推进,建成一批旅游精品景区、精品线路、新兴业态、特色商品和领军企业。皖南国际文化旅游示范区建设进展顺利,乡村旅游、红色旅游、特色民宿、研学旅游、文旅小镇、夜间旅游等业态更加多元。旅游生产经营单位达3.3万个,其中全国旅游集团20强3家。新增A级旅游景区65家,总数达625家,其中5A景区由9家增至12家。新增旅行社414家,总数达1519家。星级饭店发展至302家。半汤温泉旅游区获评国家级旅游度假区。合肥、芜湖、铜陵入选首批国家文化和旅游消费试点城市。旅游人均消费首次突破1000元。文化产业、旅游产业增加值占GDP比重进一步提高,对民宿、民航、铁路客运业等贡献率超过80%,对餐饮、商业等贡献率超过40%,从业人员占全省就业总人数的10%以上,已成为扩大内需、增加就业、推动经济增长的重要引擎。

产业走出去步伐加快,品牌影响力显著提高。 组织对外和对港澳台文化和旅游交流项目122批次,接待"一带一路"沿线50多个国家和地区来访109批次。"欢乐春节""安徽文化旅游年(周)""美好安徽海外推广"等品牌活动,充分彰显徽风皖韵,促进了安徽与世界各国(地区)文化交流、旅游往来和民心相通。安徽与港澳台文化和旅游界交流合作日益密切,在促进人员往来、文化认同、情感认同方面发挥了重要作用。更加注重顶层设计和统筹协调,省市联动、区域联合、政企联手的机制充分发挥作用,宣传营销的整体成效显现,安徽国际文化旅游节、"美好安徽 迎客长三角"、"春游江淮请您来"等系列品牌推介活动形成声势,"美好安徽"知名度进一步提升。

行业治理体系日益完善,管理服务水平大幅提升。 《安徽省旅游条例》等一批地方法规出台施行。我省成为首个制定文明旅游全国行业标准的省份,累计发布实施省级文化和旅游地方标准96项,初步形成文化和旅游标准体系。文明旅游工作形成品牌,旅游志愿服务项目和团队数量全国第一。在全国首创设立"安徽旅游诚信日"(11月11日),发布"诚信品质榜",推出38家服务质量标杆单位。旅游"厕所革命"深入推进,新建、改扩建5334座,百度地图上线率100%。"游安徽"App建成,既实现旅游景区实时限流监测,又为群众提供更加便捷高效的信息查询、线上直播等服务。旅游市场暗访式执法检查走向常态化,应急响应和处置能力不断提高,省文化和旅游厅连年获得省政府安全生产考核先进单位。

旅游系统实施国家战略成效明显,服务大局能力进一步提升。 相继实施乡村旅游扶贫"3451"工程、"八个一"工程,投入40%以上省旅游发展资金用于旅游扶贫,实现旅游扶贫资金2亿多元。加大对大别山等革命老区扶贫支持力度,制定促进革命老区乡村旅游扶贫的指导意见。加强旅游扶贫培训,完成乡村旅游村官、带头人培训累计

1000余人次。积极探索扶贫开发与乡村旅游融合发展新模式,宣传推出景区带村、能人带户、企业+农户、合作社+农户等一批典型。六安市霍山县陡沙河村、堆谷山村和金寨县小南京村、渔潭村的乡村旅游扶贫模式入选世界旅游联盟旅游减贫案例,34个乡村入选全国乡村旅游重点村名录,40人获评全国乡村文化和旅游能人,累计带动脱贫40万人,文化和旅游扶贫"扶志""扶智"作用得到有效发挥。长三角旅游产品共建、线路共推、市场共育等取得初步成效,策划打造"七名"国际精品旅游线路等产品,旅游产业在长三角一体化发展国家战略中发挥了重要作用。

基础设施不断完善,持续发展动力得到巩固。 先后建成广宁、宁宣、滁淮、芜湖长江公路二桥、池州长江大桥等高速公路和过江通道,完成了合宁、合芜、合安等高速公路主通道的扩容改建,通道拥堵问题得到大幅缓解,高速公路网进一步完善。G104、G206、G347(北沿江)等一批重点国道省道项目相继建成通车,全省64个县(区)中的44个实现市到县一级公路连接。合肥全国性综合交通枢纽的地位不断提升,芜湖、蚌埠、阜阳等区域性综合枢纽功能不断加强。合肥新桥国际机场改扩建启动实施。合新、池黄、宣绩高铁及巢马、淮宿蚌城际铁路先行工程开工建设,商合杭高铁合肥以北段、郑阜高铁开通运营,我省成为全国第二个"市市通高铁"的省份,安徽16个市全部迈入高铁时代。截至2020年底,安徽高铁通车里程2329公里,位居全国第一。

第二节 "十四五"旅游业发展机遇和挑战

"十四五"时期,我省将全面进入大众旅游时代,旅游业发展仍将处于重要战略机遇期,但机遇和挑战都呈现新的变化特征。

新发展格局加快构建,为我省旅游业发展开拓新局面。 安徽在区位交通、自然文化资源、市场腹地、人力资源等方面具有优势,在构建以国内大循环为主体,国内国际双循环相互促进的新发展格局中,旅游业通过深度融入生产、流通、消费大循环,能够加快释放内需潜力,展现更大作为。

长三角一体化发展等国家战略深入实施,为我省旅游业发展带来新契机。 伴随长三角一体化发展、共建"一带一路"、长江经济带发展、促进中部地区加快崛起等国家战略深入实施,创新型文化和旅游强省政策加力推进,有利于促进我省旅游产业转型升级,进一步提升旅游业在全国乃至全球产业链价值链的位势和能级。

新一轮科技革命和创新驱动战略加快推进,为我省旅游业发展增强了新动能。 坚持科技创新在我省现代化进程中的核心地位,新一代信息技术、数字创意等"十大新兴"产业加快发展,将对旅游信息获取、供应商选择、消费场景营造、支付分享,乃至旅游产业创新、旅游业人工智能和旅游经济增长产生深刻影响。

新型城镇化与人民群众消费需求升级交互叠加,为我省旅游业发展拓展新空间。随着新型城镇化持续推进,城乡居民收入水平不断提高,居民消费逐步由生存型向发展型、享受型转变,家庭旅游消费常态化,休闲度假旅游、文化旅游、红色旅游、老年旅游、研学旅行、中医药健康旅游等新的旅游消费热点不断涌现。

同时也要看到,当今世界正经历百年未有之大变局,国际环境严峻复杂,新冠肺炎疫情影响广泛深远,全球旅游业不确定性明显增加。国内发展环境也经历着深刻变化,社会主要矛盾已经转化,旅游业发展不平衡不充分的问题仍然突出,距离满足广大人民群众新期待还有一定差距,旅游需求尚未得到充分释放,旅游业供给侧结构性改革任务依然很重,旅游创新动能尚显不足,旅游治理体系和治理能力现代化需进一步提升。

区域竞争日趋激烈。在全国旅游竞争格局中,与排名靠前的广东、浙江、江苏、山东、四川、湖南等省差距明显,旅游总收入、旅游人数、人均消费等指标全国排名中游,需要重点突破。

市场主体有待加强。旅游龙头企业规模不大、影响不足,缺乏跨界融合的旅游产业集团和产业联盟。中小企业规模有限,多元化发展不足,投融资等企业服务支撑体系有待健全。旅游创新创业力量有待提升,"旅游+"等特色市场主体培育仍需加强。

产品有效供给不足。旅游产品开发层次不高、特色不强、类型单一;夜间旅游、文化创意、研学旅游、科技旅游等新业态产品欠缺,旅游消费热点不足。旅游产品国际化水平较低,国际化产品的开发、营销等较弱,国际市场影响力不强。

要素支撑有待完善。公共服务仍需进一步提升,旅游便民、惠民设施建设仍需加强;旅游人才队伍实力有待提高,高层次、复合型、创新型、国际化的旅游人才缺乏;旅游业发展的土地、金融、技术等保障制度有待进一步落实等。

第三节 "十四五"旅游业发展趋势

需求多元化。进入大众旅游新阶段,旅游消费呈现多样化、多层次、多方面的特点,个性化、定制化、分众化需求更加凸显,市场进一步细分。

供给品质化。旅游供给侧结构性改革加速推进,旅游文化内涵、文化品位明显提升,观光、休闲、度假产品将更加丰富,"旅游+""+旅游"新产品新业态层出不穷,旅游各要素服务将更加健全。

治理现代化。新时代旅游业高质量发展对旅游治理提出了更高要求,旅游发展的制度环境将更加完善,旅游治理越来越强调依法治理、共商共建、智慧治理、有效市场和有为政府相结合,增强游客的获得感和满意度。

区域协调化。国家实施重大区域战略和乡村振兴战略、新型城镇化战略、交通体系快速发展等共同作用下,涌现出新的旅游吸引物、旅游目的地、旅游线路和旅游带,跨区域旅游合作明显增多,旅游空间布局将稳步优化。

成果共享化。随着大众旅游的深入发展、小康旅游的创新拓展,生活场景和旅游场所不断交织、休闲消费和旅游市场日益融合,主客共享的美好生活新空间不断拓展。

第二章　提质增效　明确发展新要求

第一节　指导思想

高举中国特色社会主义伟大旗帜,深入贯彻党的十九大和十九届二中、三中、四中、五中、六中全会精神,落实省第十一次党代会精神,坚持以习近平新时代中国特色社会主义思想为指导,以习近平总书记关于文化和旅游工作的系列重要论述为依据,认真贯彻学习习近平总书记考察安徽重要讲话指示精神,紧紧围绕统筹推进"五位一体"总体布局和协调推进"四个全面"战略布局,坚持稳中求进工作总基调,科学把握新发展阶段,坚决贯彻新发展理念,服务构建新发展格局,以推动高质量发展为主题,以深化供给侧结构性改革为主线,以改革创新为根本动力,以满足人民日益增长的美好生活需要为根本目的,统筹发展和安全,统筹保护和利用,持续实施五大发展行动,扎实推进长三角一体化发展进程,着力实施乡村振兴战略,大力发展乡村旅游,着力推动文化和旅游深度融合,着力完善现代旅游业体系,着力推进旅游治理体系和治理能力现代化,努力实现全省旅游业更高质量、更高效率、更加公平、更可持续、更为安全的发展。

第二节　基本原则

坚持以人民为中心。将人民群众的美好生活需要作为旅游业发展的出发点和落脚点,将"有得游、游得起、玩得好"作为新时代旅游业的发展宗旨和工作导向,提高人民群众在旅游业发展中的获得感。围绕人民群众的美好旅游需要,切实解决文化和旅游领域的不平衡不充分发展问题。

坚持高质量发展主线。在产品和服务上让游客放心、满意,在产业发展上注重安全和可持续,在社会责任上注重旅游发展和经济建设、生态文明建设、精神文明建设的协调统一。着力发展优质旅游,深挖文化创意和先进科技动能,促进旅游业内涵式发展。

坚持文化和旅游统筹融合。 持续不断地提升旅游发展的文化内涵,增强文化建设的旅游服务意识,把握人民群众的美好生活需求,提供更多内容健康、特色鲜明、体验性强的文化和旅游产品。加强旅游文化建设,把文化建设渗透到旅游业发展的全过程、各环节。在文化建设中统筹考虑当地居民和外来游客,积极进行文化旅游资源开发,让各种文化资源"活起来""火起来"。

坚持开放共享创新理念。 以"旅游+""+旅游"为引领,推进旅游产业融合和全域旅游深入发展。进一步摈弃惯性思维,树立开放意识,整合力量,大胆创新,在更好发挥政府作用的同时,使市场在资源配置中起决定性作用。

第三节 发展目标

"十四五"时期全省旅游业发展的总体目标:把旅游业打造成为战略性支柱产业和人民群众更加满意的现代服务业,进一步推进创新型旅游强省建设,把我省打造成为品质旅游实践区、共建共享样板区和国际知名的旅游目的地。

发展质量更高: 产品体系更加合理,区域发展更加均衡,城乡与主客共享氛围更加浓厚,三大市场更加协调,休闲度假功能明显增强,以互联网和旅游装备制造为重点的创新驱动对旅游业质量效益的贡献率明显提升。到皖游客人均消费不断提高,旅游购物、娱乐等在旅游总收入中的比重不断增加。

综合实力更强: 保持旅游经济中高速增长,争取全省旅游业总产出年均增长率高于10%,实现旅游经济增长"两个高于",即高于全省 GDP 年均增长率,高于全国旅游业年均增长率,进一步提高旅游业在国民经济主要指标中的比重。2025年,旅游业总收入增加到1.1万亿元,旅游经济总量位居全国第一方阵。

发展环境更优: 旅游公共服务进一步完善、旅游市场秩序进一步规范、文明旅游氛围更加浓厚,带薪休假制度真正落实,"美好安徽,迎客天下"品牌更加响亮,生态保护和资源利用更加科学,人与人、人与自然、人与社会更加和谐,旅游从业人员、游客和当地居民的关系更加融洽。全省城乡居民人均年出游率不断提高,满意度不断提升。

带动作用更大: 旅游业的综合经济带动能力更强,旅游业税收收入对地方财政收入贡献率逐年提高。旅游业的社会功能更加突出,旅游业对全社会就业带动效应更强、对城乡居民致富作用更大、对巩固脱贫成果的效果更显著。旅游景区产品更加丰富,旅游公益服务和优惠服务力度更大,旅游业发展成果更好地为全民共享,人民群众的获得感更强。

第三章　统筹协调　构建空间新格局

第一节　优化空间布局

实施"南提、中起、北促"区域开发战略,即皖南提升、皖中崛起、皖北促进。发挥我省沿江近海、居中靠东的区位优势,优化旅游发展布局,打造新版图、新标杆、新格局,进一步提升我省在全国旅游发展大局中的战略地位。按照"点-线-面"区域组织原则,统筹城市、旅游轴带、特色产业板块,强调核心引领、辐射带动,发挥交通干线、发展轴带、旅游线路的要素疏通和联结功能,构筑形成点状发力、线状统筹、面状聚能的高质量旅游产业发展格局。

点状发力:两个中心(合肥——全省集散枢纽地,黄山——国际化桥头堡)

发挥合肥市省会优势,以重点项目为抓手快速推进目的地建设,提升在全省目的地体系中的传承作用;以交通、客流、信息集散为重点,提升在全省格局中的综合辐射作用,带动皖南皖北联动发展;发挥合肥在中部地区乃至全国交通体系中的综合枢纽优势,加强与上海、南京、杭州、武汉、郑州的空间对接,打造成全省的外部集散中心,实现安徽与长三角、武汉城市群、中原经济区的高效融合。

依托黄山旅游品牌和资源禀赋,加快建设富有文化底蕴的世界级旅游景区,快速构建现代旅游产业体系,探索实现旅游双循环高效运转的样板模式,打造成为引领安徽旅游走向国际、实现全省旅游产业国际化发展和建设安徽国际知名旅游目的地的桥头堡。

线状统筹:一张全域统筹共享发展网(三纵三横旅游发展轴带为骨架,旅游廊道和旅游环线串联成网)

发挥交通干线、发展轴带、旅游线路的要素疏通和联结功能,优化线路布局、提高流通效率、叠加共享理念,连线成网,促使客源地与目的地无缝对接,形成三纵三横旅游发展轴带为骨架,旅游廊道和旅游环线功能串联的全域统筹共享发展网。

三纵:京福高铁旅游大动脉、引江济淮旅游发展带、济广高速旅游纵贯线。

京福高铁线旅游大动脉——连接京津冀城市群、长三角城市群和海峡西岸城市群的高速交通通道,促进整体一体化,构成精品旅游带。

引江济淮旅游发展带——依托引江济淮工程,串联长江、淮河水系,连接皖南山水与皖北文化,发展沿线观光、休闲、度假产品,成为以水系为主题、富有安徽特色的新的旅游发展带。

济广高速旅游纵贯线——连接山东半岛城市群、环鄱阳湖城市群及粤港澳大湾区,串联亳州、阜阳、六安、安庆,完善高速接驳交通系统,整合沿线旅游资源和目的地体系,发展文化体验、生态观光、红色旅游产品,打造成为纵贯我省南北的旅游发展轴。

三横:皖江黄金旅游大通道、风情淮河旅游辐射带、皖中国家风景道新干线。

皖江黄金旅游大通道——以长江经济带发展战略引领我省旅游发展,发挥皖江黄金旅游通道作用,打造面向长三角、联动长江中游城市群的黄金旅游带。

风情淮河旅游辐射带——发挥淮河连接东中部地区的通道优势,串联阜阳、淮南、蚌埠等流经城市,辅以沿河旅游廊道和城市休闲游步道,建设风情淮河旅游辐射带。

皖中国家风景道新干线——贯通六安大别山旅游风景道、环巢湖旅游大道、马鞍山江北旅游大道。优化和盘活现有的线路资源,按照主题化、精品化和国际化的原则,建设跨区域国家风景廊道。

旅游廊道——江淮分水岭旅游廊道(滁州)、大别山旅游廊道(六安、安庆)、皖浙1号公路旅游廊道(黄山)、皖南川藏线旅游廊道(宣城)、"醉美218"旅游风景道(黄山)、中国红岭公路(六安)、沿涡河生态旅游廊道(亳州)、沿淮1号旅游风景道(阜阳)、新汴河生态文化廊道(淮北)、S238旅游廊道(淮北)、"楚汉风情·百里画廊"旅游廊道(淮南)、皖东"千里画廊"(滁州)、山湖旅游大道(六安)、沿江淮旅游廊道(安庆、池州、铜陵、芜湖、马鞍山)、皖西南旅游风景道(安庆)、沿升金湖-秋浦河-牯牛降生态旅游廊道(池州)、经典205旅游风景道(黄山)等。

旅游环线——环巢湖旅游线、环黄山旅游线、环天柱山旅游线、环九华山旅游线、环太平湖旅游线、环万佛湖旅游线。

面状聚能:六大特色板块

六大特色板块包括:最美皖南、欢乐皖江、红色大别山、休闲皖中、风情淮河、传奇皖北。

最美皖南——高水平建设皖南国际文化旅游示范区。立足良好的生态环境和深厚的文化底蕴,推动绿色发展、循环发展和低碳发展,努力将示范区建设成为美丽中国先行区、世界一流旅游目的地和中国优秀传统文化传承创新区。按照全域旅游理念,强化国际视野、国际标准,推动生态、文化、旅游、科技融合发展,提升黄山、九华山、天柱山和西递宏村等精品景区发展水平,推动优势旅游企业实施跨地区、跨行业、跨所有制兼并重组,打造跨界融合的产业集团和产业联盟,构建以文化旅游为特色的现代产业体系。引进国际优质资本和智力资源,进行文化旅游资源保护和优质文化旅游资源开发。推进新安江、青弋江、水阳江等重点流域生态保护,实施太平湖、升金湖等重点湖泊生态保护和修复。

欢乐皖江——整合皖江区域资源、产业、市场，打造欢乐皖江旅游带。串接马鞍山、芜湖、铜陵、池州、安庆等皖江城市，使欢乐皖江板块成为集聚旅游产业活力、承载主要旅游客源的现代旅游产业高地。

红色大别山——以习近平总书记提出的"两源两地"为突破口，深入开发红色文化、历史文化资源，有效利用大别山区生态环境优势，加强旅游设施建设，提升旅游服务水平，推进跨省协作，促进融合发展，壮大旅游产业，建设全国知名的红色旅游胜地和重要的文化、生态休闲旅游目的地。

休闲皖中——以都市旅游、商务会展、休闲旅游、养生养老、康体运动为特色，提升合肥都市圈旅游吸引力和服务水平，加快"环巢湖国家旅游休闲区"建设，实现旅游产业的聚集化、一体化发展，着力打造华东、华中旅游协作的枢纽区，全省旅游服务国际化发展先导区，全省旅游南北联动的中心区和旅游集散中心，成为长三角、全国乃至世界级的休闲旅游体验目的地。

风情淮河——将淮河建设成为连接东中部地区的黄金旅游通道，创新湿地生态休闲、现代农业休闲等旅游发展模式，重筑第三条出海"黄金水道"。

传奇皖北——依托中原经济区平台，策应皖北振兴，重点发展以历史文化为代表、文化创意与旅游业相结合的文化旅游。打造我省旅游新的增长极，成为苏鲁豫皖区域的重要休闲旅游目的地。

第二节　推进全域共享

强化全域化旅游目的地整体建设。以县（区）为基础单位，支持以全域旅游为抓手，加强全域生态建设和景观建设，加强基础设施和卫生、安全体系建设，营造游客友好的人文氛围，构建统一的标识系统和特色鲜明的目的地形象体系。继续推进厕所革命。优化市场秩序，推进电商和物流发展，加强兼顾本地居民和外来游客的商业体系建设。鼓励各地区因地制宜发展历史文化旅游、民俗风情旅游、民间文化体验旅游、乡村美食旅游、都市休闲旅游等特色旅游，积极发展山地运动旅游、医疗旅游、自驾车旅居车旅游、低空旅游、避暑旅游、夜间旅游、研学旅游等新业态。

促进全域多业态融合发展。顺应消费升级的变化，继续加大旅游产业融合开放力度，大力实施"旅游＋""＋旅游"战略，孵化一批新产业新业态，开发一批符合市场需求的好项目好产品，把国家全域旅游示范区打造成产业转型升级的集聚区，加快构筑新的生产力和竞争力。在有条件的地方，推进红色旅游和乡村旅游融合发展，打造复合型产品，探索出发挥红色旅游和乡村旅游富民功能、助力革命老区脱贫致富的好路子。把握国家公园和国家文化公园加快建设的机遇，坚持保护优先，推动形成一批高水平的旅游吸引物。落实中小旅游企业扶持政策,促进旅游投资主体多元化,壮大旅游市场主体。

推进全域旅游示范创建。按照全域旅游示范区创建标准,积极参与国家全域旅游示范区创建。重点推动巢湖市、岳西县、太湖县、绩溪县、广德县、泾县、庐江县、含山县、淮北市烈山区、淮北市相山区、枞阳县、安庆市宜秀区、滁州市南谯区、全椒县、颍上县、砀山县等入选国家全域旅游示范区创建单位的县(区),进行全域旅游规划、建设,着力完善供给体系、加强公共服务、提升品牌影响、强化创新示范,有序开展全域旅游示范区创建验收。

做好全域旅游示范区的示范引领和理念推广。组织开展全域旅游示范区教育培训,开展发展理念和创建标准宣贯,总结黟县、霍山县、潜山市、金寨县和黄山市屯溪区等国家全域旅游示范区创建经验,在全省形成全域旅游示范创建的整体氛围。

以国家全域旅游示范区创建标准为评价体系,对已获得国家全域旅游示范区命名的单位、已入选国家全域旅游示范区的创建单位、将旅游产业列入支柱产业的县(区),进行综合评分模拟评价。

第三节 整合内外循环

畅通内外循环,搭建运行平台

——推出一批精品线路:

皖南世界遗产之旅。核心城市:黄山市。重点旅游区:黄山风景区、西递—宏村。核心产品:山岳观光、文化体验、休闲度假。

"三山三水"之旅。核心城市:黄山市、池州市、安庆市。重点旅游区:新安江、黄山、太平湖、九华山、升金湖、天柱山、花亭湖。核心产品:山地休闲、康体养生、休闲度假、科考研学、探险。

皖江黄金水道之旅。核心城市:马鞍山市、芜湖市、铜陵市、池州市、安庆市。重点旅游区:马鞍山采石矶风景区、天门山景区;芜湖方特主题乐园、芜湖滨江公园;铜陵天井湖旅游区;齐山—平天湖旅游区、杏花村旅游区、池州九华山风景区;安庆巨石山旅游区、安庆黄梅戏文化园。核心产品:文化体验、时尚游乐、城市休闲、山岳观光。

古徽州文化体验之旅。核心城市:黄山市、宣城市。重点旅游区:西递—宏村、屯溪老街、古徽州文化旅游区;徽杭古道、龙川、江村、查济。核心产品:徽文化体验、徽文化研学、民俗文化体验、休闲度假、山水观光、乡村旅游、特色美食旅游。

玉带淮河风情之旅。核心城市:阜阳市、淮南市、蚌埠市。重点旅游区:临淮岗、颍州西湖、王家坝、八里河风景区、淮南茅仙洞、峡山口、焦岗湖、八公山、寿州古城、蚌埠荆涂山、龙子湖、凤阳明中都、明皇陵、小岗村、怀远白乳泉、五河沱湖。核心产品：淮河风光、民俗风情、古城古镇、历史文化、美食购物。

中华禅宗溯源之旅。核心城市：安庆市。重点旅游区：天柱山景区、花亭湖、五千年文博园。核心产品：禅修养生、禅宗文化、山水生态养生。

九华山文化之旅。核心城市：池州市。重点旅游区：九华山风景区、九子岩景区。核心产品：祈福朝圣、禅修度假。

——打造国际旅游合作平台：

融入"一带一路"交流平台。开展互办旅游推广周、宣传月和体育交流等活动，联合打造具有"一带一路"特色的国际精品旅游线路和旅游产品，方便沿线各国游客签证。

依托国家间合作平台。依托中国—东盟、中国—欧盟和中国—南太和中美、中法、中俄、中澳、中日韩等旅游合作平台，加强我省与境外旅游城市、友好景区交流合作。

依托国际会议平台。依托上海合作组织成员国旅游部门领导人会议、东盟10+3会议、中日韩旅游部长会议、联合国世界旅游组织会议、南太旅游组织部长理事会、丝绸之路旅游部长会议、亚太旅游协会年会等会议平台营销我省旅游。

——推动省际联动发展：

推进芜湖、马鞍山、滁州、蚌埠、池州与南京，黄山与杭州、景德镇、上饶、武夷山市，池州与九江，宿州与徐州，宣城与南京、杭州，安庆与武汉，阜阳、亳州与郑州等周边旅游城市的合作，实施互联互通、文化融合、品牌合作、资源共享。以旅游产品开发、市场开拓、公共服务等为重点，建立跨区域旅游合作的模式和机制，拓展旅游业发展新空间。

长江旅游经济带。抢抓长江经济带国家战略机遇，以皖江黄金旅游带串联东部和中部区域。发挥皖江面向长三角、联动长江中游城市群的流域区位优势，对接中部腹地和长三角核心客源地，使皖江黄金旅游带成为安徽旅游产业的集聚带、旅游客源的集中承载带和旅游要素高效流通的创新汇聚带。

长三角区域旅游一体化。坚持优势互补、资源共享、互利共赢的原则，推进区域旅游政策的协调统一，主动融入长三角智慧旅游建设、旅游资源合作开发、区域性大型旅游集团培育、旅游市场监管、旅游业发展环境、旅游产品和线路开发等方面。与长三角其他城市联手打造一批名山、名湖、名城、名镇、名村、名园、名馆等文旅精品，谋划上海"一大"会址—浙江嘉兴南湖—江苏淮安周恩来故里—安徽大别山金寨两源两地红色旅游精品线路。探索推出"畅游长三角""惠民一卡通"等产品。将"皖事通"公共服务平台接入长三角一体化公共服务平台。

皖北周边"4+1"联合体。皖北联合豫东、鲁南、苏北组建跨省联合体,加快四大区域间航空、铁路、公路交通快捷化、便捷化建设,强化综合交通体系衔接。加强皖北地区与豫东、鲁南、苏北地区旅游联动发展,实现"客源互送、营销互推",推动旅游业深化合作。旅游联合体以皖北地区为立足点,搭建皖北地区与豫东、鲁南、苏北地区之间的分工协作、统筹发展框架,实现联合体优势互动和整体崛起。

高铁沿线旅游组合大动脉。依托京福高铁、沪渝高铁、沪蓉高铁、商合杭高铁、合安九高铁、宁安城际等一批已建和拟建的高铁,加强与京津冀、珠三角都市圈及高铁沿线城市合作。加快建设集高速铁路、城际铁路、市域(郊)铁路于一体的现代轨道交通体系,谋划推进G60科创走廊高速磁悬浮通道,开展合肥—芜湖—宣城—杭州城际铁路规划研究和前期工作,研究推进郎溪—溧阳、郎溪—广德、广德—长兴等区域内市域(郊)铁路规划建设,逐步形成与路网干线铁路互为补充的区域轨道交通通勤环线。

浙闽皖赣国家生态旅游协作区。依托四省厅级协调机制、市级合作联席会议制度、协作区联席会议联络工作机制,推进浙闽皖赣4省边界区域旅游一体化,以绿色发展、一体发展、市场推动、文旅融合、共建共享为主要原则,建设以"绿色发展、生态可持续、省际协作、兴业富民"为主要特征,生态环境质量优良、旅游形象鲜明、空间布局科学合理、资源开发有序的世界级生态文化旅游目的地。

"一地六县"文化旅游休闲康养基地。建立健全生态空间规划跨区域协调机制,强化北部茅山生态屏障、中部宜溧山地生态屏障、南部天目山生态屏障和皖南生态屏障,以及太湖、南漪湖、天目湖、长荡湖等水域生态保护修复,共建"四屏四湖"区域生态体系,夯实绿色发展基础。依托太极洞、南漪湖、卢湖、天目湖等自然景观,以及祠山佛教、茅山道教、溧阳古琴、安吉白茶、宜兴紫砂、长广煤矿遗址等文化资源,大力发展旅游休闲、数字创意、健康养生等产业,构建区域旅游大环线,打造吴楚越文化旅游目的地、长三角"后花园"。

抓好国内旅游,增强国内循环

提升消费氛围。推动亲子旅游、研学旅游、自驾旅游、养生养老旅游、体育休闲旅游、精品民宿旅游等产品高端化发展,开拓国内长线旅游、专项旅游等。用消费者听得懂的语言、易接受的形式、可感知的内容进行宣传推广。推动"体验式推广"模式,包括节庆活动体验、民族服装穿戴体验、特色手艺体验、非遗体验等,让消费者感受到目的地的文化氛围、生活气息,增强消费者出游意愿。

抓好下沉市场。引导企业进一步下沉市场,挖掘"小镇青年"和农村居民的消费潜力。培育"质价比"高的产品,快速盘活存量,解决农村居民没得玩的问题。加强城市观光休闲、乡村旅游等常态化产品供给,引导农村居民加入到旅游消费大军中来。采用"接地气与高大上"结合的方式进行多渠道营销,既利用抖音、微信、微博等新媒体和自媒体线上营销,又有线下门店推广、发传单、贴标语、在出租车上打广告等接地气的营销方式,拓宽农村居民获取旅游信息渠道。

丰富产品供给。推进文化和旅游融合发展,建设一批文化底蕴深厚的世界级旅游景区和度假区、文化特色鲜明的国家级旅游休闲城市和街区,发展红色旅游、避暑旅游和乡村旅游,完善旅游发展环境,增加优质产品供给。进一步借助5G、人工智能、物联网等新技术构建高满意度的旅游体验方式和消费场景。加强文化引领和科技创新,引导广大旅游企业聚焦国民休闲和大众旅游的基础市场,运用科技和商业手段研发新项目、新产品、新服务,实现商业模式和技术模式创新,研发面向未来的旅游产品。

提振入境旅游,提升国际循环

提升入境游客体验。重视对生活型、创新性、主题式旅游产品的策划与深度开发,构建多样化、多层次的美好生活旅游产品体系,大力发展邮轮游艇码头、自驾车营地、房车宿营地、汽车旅馆、汽车租赁、游艇租赁等与休闲旅游新需求相适应的设施和服务。

构建市场化、专业化推广体系。编制《安徽省入境旅游营销战略规划》,建设各地市旅游推广联盟、行业协会,持续推广塑造"国际安徽"形象。拓宽境外营销渠道,创新商业合作模式,推动境外旅行商宣传推介我省旅游品牌。

全面优化入境旅游发展环境。在马鞍山港、芜湖港、铜陵港、安庆港、池州港等5个水运一类口岸以及合肥新桥国际机场、黄山屯溪国际机场2个航空一类口岸,扩大开放免签或落地签、延长多次往返签证、简化签证材料、实施电子签证、免签证费、缩短办签时间,提升游客签证便利程度。突出全环境和全过程便利,积极引入大数据、云计算、AI、虚拟现实等科技推进旅游便利化进程。提升景区景点、餐饮住宿、购物娱乐、机场车站等场所多语种服务水平。

第四章 优化供给 适应市场新需求

第一节 优化产品体系

统筹推进旅游供给侧结构性改革和需求侧管理,优化存量资源配置,扩大优质增量供给,持续提升传统消费,大力培育新兴消费,不断激发潜在消费,避免"需求外溢",形成提升供给质量、激发内需潜力与促进形成强大市场的有效协同。

构建产品体系。整合挖掘全省旅游资源,在彰显特色和提升内涵上下功夫,积极提供更多品质化、融合化、数字化旅游产品,打造"六大板块"产品体系。按照巩固提升一批、建设发展一批、规划储备一批的思路,推进产品转型升级,提升自然风光、城市风光、名胜古迹、古镇古村古街等观光旅游产品的品质和服务;丰富红色旅游、博物馆旅游、民俗旅游等旅游产品的内涵和外延;强化休闲体验、生态康养、自驾露营等新兴旅游产品的创意和功能。

按照国际水准建设一批精品景区,强化创意创新创造,增强文化科技绿色含量,加快培育5A级景区、国家级旅游度假区、国家级休闲街区和旅游特色小镇品牌。全省建成一批产业特而强、功能聚而合、形态小而美、机制新而活的旅游特色小镇。

专栏1 安徽旅游"六大板块"旅游产品谱系

板块	产品谱系
最美皖南	"山美、水美、村美、戏美、味美"等系列产品
欢乐皖江	"欢乐游、欢乐食、欢乐宿、欢乐秀、欢乐购"等系列产品
红色大别山	"红色旅游景区、红色线路、红色小镇、红色故事、红色歌曲"等系列产品
休闲皖中	"温泉康养、生态旅游、休闲街区、休闲自驾、休闲美食"等系列产品
风情淮河	"历史风情、民俗风情、戏曲风情、小镇风情、美食风情"等系列产品
传奇皖北	"传奇人物、传奇故事、传奇景区、传奇线路、传奇美食"等系列产品。

打造龙头产品。 适应大众旅游、全域旅游需求,打造更有影响力的旅游产品。

做好"景"的文章,打造世界级旅游景区度假区。推动现有景区度假区的扩容提升与新规划建设景区度假区的同步协调发展。按照"食住行游购娱"一体化要求,拓展"景区+小镇""景区+乡村"特色融合发展之路,推进黄山、九华山、天柱山、西递宏村等5A级旅游景区在丰富内涵、业态创新、智慧服务以及运营提升、消费升级上下功夫,建设一批富有文化底蕴的世界级旅游景区和度假区。突出黄山景区龙头地位。推进东黄山国际小镇建设、汤口镇转型升级以及黄山环线开发,加速推动"四门呼应""四门串联"。

做好"城"的文章,打造国际知名旅游城市。围绕"国际化、时尚化、精品化、特色化"理念,提升中心城区承载力和带动力,推动合肥、芜湖、黄山等市高水平打造国际知名旅游城市。打造"会场"。大力发展会展经济,策划举办一批国际论坛、会展、赛事、节庆,配套建设国际化的会议场馆和会展设施、高品质的住宿接待设施。打造"赛场"。打造赛事 IP,策划登山、徒步、骑行、论剑、越野、摄影等精品赛事,做好赛事保障,强化赛事运营。打造"卖场"。做长购物链条,推动地方特色产品、文创手工艺品和非遗产品发展;积极引进国际国内一线品牌,加快培育一批优秀消费场所和项目,创建一批文旅消费集聚区和特色文旅街区。打造"秀场"。培育高品质演艺项目;挖掘城市夜间消费潜力,打造一批夜间消费精品项目和夜间消费集聚区,大力发展夜经济;建设主客共享空间,发展一批融合图书阅读、艺术展览、文化沙龙、非遗体验、轻食餐饮等服务的"城市书房""文化驿站""阅读空间""非遗体验点"等新型文化业态。

做好"村"的文章,打造世界特色旅游产品。坚持系统观念,将发展古村落旅游与乡村振兴、生态文明、文化传承有机融合。注重保护与利用并举、传承与创新并重,推进古村落有形建筑与无形文化相结合、村落本体与周边环境相协调、产业发展和基础设施相配套。突出打好皖南古村落这张王牌,将古村落保护开发与徽文化传承弘扬相结合,推进"古村落＋乡村旅游、＋休闲体验、＋生态康养、＋研学教育、＋电商物流、＋文化创意",打造一批"生态村""电商村""画家村""摄影村""民宿村""作家村",建设国际乡村旅游度假区。

丰富旅游业态。适应疫情常态化、旅游大众化新需求,加快培育新业态新模式。做好结合文章,结合乡村振兴、生态文明、长三角一体化发展等战略实施,聚焦杭黄世界廊道、一地六县文化旅游休闲康养基地等建设,推出一批乡村休闲、生态康养、健身养生等产品业态。做好融合文章,大力实施"旅游＋""＋旅游"战略,推动旅游业与农业、林业、水利、工业、教育、科技、文化、体育、健康医疗等产业深度融合,大力发展旅游房车、游乐设施等旅游装备,催生更多旅游新产能和经济增长点。做好整合文章,整合闲置宅基地、农房农舍、工业厂房等资源资产,加强旅游化改造,促进田园变游园、农房变客房、农产品变旅游商品、工业厂房变创意空间。依托引江济淮、大别山国家风景道等水利、交通工程建设,嫁接旅游功能,编制一批跨界融合新产品新项目。

重点培育"乡村旅游""城市旅游""红色旅游""康养旅游""研学旅游""会展旅游""自驾旅游""体育旅游""夜间旅游""休闲度假旅游"等十大旅游业态。强化文化对旅游的内容支撑、创意提升和价值挖掘作用,提升旅游的文化内涵。以优质数字文旅产品引领青年文旅消费,创造满足年轻用户多样化、个性化需求的产品与服务。

专栏 2 安徽省重点培育十大旅游业态	
业态	重点任务
乡村旅游	1. 实施乡村旅游"十百千"行动。推出十大乡村旅游示范区、百佳特色乡村旅游目的地、千家乡村旅游精品点。 2. 推动乡村旅游集聚发展。重点构建"一城一环"乡村旅游集聚带,建设一批乡村旅游集聚区。 3. 实施乡村旅游"微创意 微改造"行动,推出一批"双微"示范点。 4. 打造"皖美乡村"系列品牌产品。策划推出茶旅融合、文旅融合、果旅融合、花旅融合产品等。打造一批"生态村""电商村""画家村""摄影村""美食村""民宿村""艺术家村"以及创业创客基地。 5. 建设国际乡村旅游度假区。
城市旅游	1. 打造一批国家级旅游休闲城市和街区。 2. 打造城市休闲旅游"微空间"。推进城市特色街区、休闲街区、文创空间、研学空间(博物馆、文化馆、图书馆、美术馆、科技馆、体育馆、高校等)、休闲绿道建设。 3. 加强城市旅游休闲综合体建设。 4. 打造环城休闲游憩带。 5. 完善城市旅游产业体系(住宿、餐饮、购物、娱乐)和公共服务体系(集散中心、咨询中心和智慧旅游中心)。
红色旅游	1. 差异化打造四大红色旅游区(皖西、皖南、皖东北、皖中红色旅游区)。 2. 打造一批红色旅游经典景区(科技融入沉浸式体验)。推动创建 5A 级红色旅游景区(金寨县红军纪念园、泾县云岭新四军军部旧址、凤阳小岗村) 3. 着力打造安徽大别山红色旅游胜地。
康养旅游	1. 围绕"生态、温泉、中医药"三大康养品牌,建设一批国家级和省级健康旅游示范区、示范基地。 2. 建设一批休闲度假型养老养生旅游基地(大别山健康养老基地工程、皖南健康养老基地工程)。 3. 建设一批职工(劳模)疗休养基地。

	4. 大力发展中医药文化体验、养生体验、特色医疗、疗养康复、药膳食疗养生等中医药健康旅游产品。
研学旅游	1. 突出六大研学主题：徽文化、红色、中医药、农业、科技、工业。 2. 建设一批国家级、省级研学旅行目的地和示范基地。 3. 推出一批示范性研学旅行精品线路。 4. 加强研学旅行品牌建设。"寻梦徽州""诗说安徽""课本上的马鞍山""文房四宝研学游""大别山红色革命研学游"等。 5. 加强研学导师培养和培训。完善研学课程和安全保障体系。
会展旅游	1. 推动合肥、黄山打造国际会议目的地、国际会展之都。 2. 大手笔策划引入大规模、高层次、科技派、国际范的峰会论坛、会展商务、品牌赛事、演艺娱乐等业态。 3. 推行"优质商务会展旅游服务计划"。
自驾旅游	1. 构建"落地自驾"的旅游服务模式。 2. 构建特色自驾营地体系（房车营地、帐篷营地、特色主题营地等）。 3. 推进旅游廊道与风景道建设。打造自驾精品线路和品牌。
体育旅游	1. 拓展户外运动旅游产品（徒步、骑行、马拉松、攀岩、登山、野营、露营、游泳、漂流、垂钓、长板速降等）。 2. 创新低空飞行旅游产品（低空观光、航空运动、航空摄影、滑翔伞运动等，协调推进合肥、黄山、安庆等地低空目视飞行航线网络、保障基础设施和低空经济产业发展）。 3. 打造体育旅游活动品牌（打造安徽知名品牌体育赛事活动、引进大型国际国内体育旅游活动赛事）。 4. 创建一批国家级省级体育旅游基地。 5. 推出一批运动休闲精品线路。
夜间旅游	1. 持续开展夜间文旅消费"四个十佳"品牌遴选与评选。 2. 塑造一批夜景空间："不夜城"和"夜色景区"。 3. 打造一批夜间演艺品牌：《徽韵》《阿菊》等。 4. 推广一批夜宴产品：美食夜市、夜间美食街区、夜间美食城、夜间老字号店、夜间网红主题餐厅、夜间品牌餐厅、夜间特色饭店等。

	5. 推出一批夜购产品:购物夜市、文创集市、休闲步行街等。 6. 培育一批夜娱产品:灯光秀、音乐节、露营节等。 7. 打造夜间消费"文化IP"。
休闲度假	1. 加快培育一批国家级、省级旅游度假区。 2. 加强避暑度假产品开发,建设一批避暑旅游休闲目的地,打造一批避暑休闲精品线路。 3. 培育形成四季休闲度假旅游品牌。

第二节 夯实休闲基础

落实十九届五中、六中全会和省第十一次党代会精神,建设一批富有文化底蕴的世界级旅游度假区,打造一批文化特色鲜明的国家级旅游休闲城市和街区,构建形成符合国家发展战略和市场需求的休闲供给体系,通过城乡融合和休闲共享,夯实休闲供给基础。

专栏3 "433"战略目标分解

	温泉养生类	中医药康养类	生态休闲类(森林、湖泊等生态)	乡村休闲(古村落、特色村镇、乡村生活体验)
世界级	合肥半汤温泉养生旅游度假区	亳州中医药养生休闲旅游度假区	东黄山旅游度假区	黟县乡村旅游度假区
国家级	庐江汤池温泉、霍山大别山康养旅游度假区	岳西天悦湾旅游度假区	铜陵天井湖、永泉、芜湖繁昌慢谷、六安悠然南山、太平湖旅游度假区	桃花潭旅游度假区、潜山天柱山茶庄国际养生旅游度假区

省级	亳州海泉湾汤王温泉度假区、和县香泉度假区、黄山市雨润旅游度假区、金孔雀温泉度假区	芜湖丫山花海石林度假区、巨石旅游度假区、郎溪新和旅游度假区、中国御医之乡度假区、潜口养生小镇度假区	六安大别山主峰旅游度假区、霍山佛子岭旅游度假区、泾县桃花潭旅游度假区、淮南焦岗湖、马鞍山濮塘旅游度假区	肥东长临河旅游度假区、铜陵永泉旅游度假区、蒙城恋蝶谷旅游度假区、广德卢湖竹海度假区、全椒古城旅游度假区

实施"433"休闲度假战略。结合重点项目储备名录,依托基础、快速建设,明确目标、形成序列,推动已有度假产品提质升级,谋划度假项目尽快建设完善,计划到2025年,建成四大类型(温泉、生态、中医药、乡村休闲)、三个梯次(世界级、国家级、省级)约30家旅游度假区。

第三节 消费牵引供给

坚持扩大内需战略基点,推进需求侧管理,优化旅游公共服务,把扩大旅游消费同提升人民生活品质结合起来,做优做强国内旅游市场,以旅游消费体系的拓展,促进旅游供给体系的优化。

优化旅游消费环境。落实带薪休假制度,制定带薪休假制度实施细则或实施计划,加强对落实职工带薪年休假情况监督检查。鼓励机关、社会团体、企事业单位引导职工灵活安排休假时间。结合实际制定中小学实施春假和秋假管理办法,健全研学旅游课程体系。精心组织"中国旅游日"各项活动,形成全民旅游消费节。制定实施旅游景区淡季免费开放、演出门票打折等补助政策,举办文化和旅游消费季、消费月等活动,推出更多旅游惠民措施。加强数字化应用,实现旅游产品展示、旅游预定、智能导览、营销推广等消费流程智能化变革。支持金融机构创新旅游消费支付、收单工具,规范发展旅游消费信贷、消费预付业务。加强引导理性消费和绿色消费,发布文明旅游和绿色消费指南,倡导"光盘"行动,杜绝浪费。

拓展旅游消费领域。把握大众旅游多样化和个性化消费需求,创新旅游消费手段和消费场景,积极培育旅游消费新模式。大力发展数字化消费,推动旅游电子商务创新,推出更多沉浸式体验型旅游产品,促进线上线下消费融合发展,倡导无接触旅游消费。支持发展共享旅游消费,鼓励发展与自驾游、休闲度假相适应的租赁式公寓、共享汽车等服务。积极发展夜间消费、培育一批夜间旅游新产品,建设一批夜间消费场所,引导旅游场所适当延长开放时间。着力发展综合性消费,推动传统商业综合体转型升级为文体商综合体,打造新型文化和旅游消费集聚区,推动文化和旅游消费试点城市和示范城市建设,培育主客共享美好生活新空间。提升旅游购物品质,振兴中华老字号,鼓励建设特色商品购物区。促进文化消费和旅游消费的有机结合,支持博物馆、文化馆、图书馆、书店等文化场所增强旅游休闲功能,鼓励利用老旧厂房开设文化和旅游消费场所,支持非物质文化遗产主题旅游等业态发展。

提升旅游消费服务。以服务质量为核心竞争力,建立旅游市场服务质量评价体系,形成科学有效的服务监测机制。提升旅游景区、星级旅游饭店、旅行社等服务水平,提供专业化、定制化、个性化服务。健全无障碍旅游公共服务标准规范,加强老年人、残障人士等便利化设施建设,推动旅游无障碍内容纳入相关无障碍公共服务政策。加强导游队伍建设,实施导游专业素养培训计划,提高导游从业人员素质,提升窗口接待单位的服务质量和水平。实施"金牌导游"培养项目,举办全省导游大赛,扩大"金牌导游"和获奖选手的示范性和带动性。实施红色旅游五好讲解员培养项目,举办红色故事讲解员大赛,提升讲解员服务质量。鼓励专业研究人员、退休人员、在校学生等担任志愿讲解员。

第五章 扎实谋划 夯实产业新支撑

第一节 推动项目谋划建设

建设龙头项目、推动重点项目、发展融合项目,引导资源整合和产业融合,以项目为引领,提升旅游产业竞争力。

依托国家战略,建设龙头项目。适应国家文化和旅游产业发展趋势,以国家战略为依托,立足安徽实际,谋划龙头项目,引领全省旅游项目体系建设。

环巢湖国家旅游休闲区。稳步推进"多规合一"。大力推动湿地公园建设,鼓励滨湖、巢湖槐林、柘皋河、肥东龙栖地等符合条件的湿地申报创建国家级和省级湿地公园试点。提升环巢湖"十二镇"建设水平,建设融旅游接待设施、公共空间、居住空间、商业空间于一体宜居宜业宜游的古镇名村。全力推动半汤、汤池、紫蓬山等创建国家级旅游度假区,打响环巢湖康体养生旅游目的地品牌。培育发展体育旅游,大力发展竞走、徒步、攀岩、登山、毅行、山地自行车和城市定向等户外休闲运动项目,适度开展水上运动、低空飞行、汽车营地等户外休闲项目与新型业态,高水平办好合肥国际马拉松赛、全国自行车公开赛、青春毅行等赛事活动,形成环巢湖体育旅游"四季歌"。

黄山世界级旅游景区。建设富有文化内涵的黄山世界级旅游景区,以"黄山""徽派建筑"为主要旅游吸引物,深入挖掘黄山的自然资源、文化资源价值,以"国际知名、国内一流"为标准,着力推进黄山湖田山景区、牯牛降西黄山康养度假基地、黄山永丰森林康养文化旅游、黄山市全域旅游服务中心等项目,提质升级,打造世界级旅游景区。

大运河(安徽段)国家文化公园。全面启动大运河(安徽段)国家文化公园建设,在传承保护基础上实施区域文化旅游主题开发。深入挖掘大运河(安徽段)文化资源,认真贯彻"保护为主、抢救第一、合理利用、加强管理"的文物保护方针,做好大运河生态改善和运河沿线环境整治。挖掘文化内涵,促进大运河文化的创新性发展,利用现代新技术新手段,融入现代文化要素,在历史遗存的基础上与旅游业融合,打造新时期大运河国家文化公园典范工程。加大文化旅游资本投入,打造系列重点项目,构筑大运河国家文化公园核心引擎。重点建设和培育淮北隋唐运河古镇、隋唐大运河柳孜遗址、宿州市运河博物馆、运河文化城市公园、灵璧运河主题乐园、泗县运河小镇、泗县隋唐大运河博物馆等项目。

杭黄世界级自然生态与文化旅游廊道。贯彻执行皖浙两省签署的《共建杭黄世界级自然生态和文化旅游廊道战略合作框架协议》,推广绿色发展理念,继续推进新安江流域生态补偿工作,谋划实施新安江—千岛湖生态补偿试验区建设。规划建设杭黄国际黄金旅游线、皖浙1号风景道及"千岛湖—新安江大画廊"文化旅游综合开发项目,整合沿线4个世界遗产、7个5A级景区、50多个4A级景区,以及众多国家级森林公园和地质公园等众多资源,以点串线、多线成区,探索区域旅游合作新模式,共建"城—山—江—湖—村"有机互融、旅游产业健康发展的杭黄国际黄金旅游示范区。推动黄山与杭州、衢州的旅游精品线路合作和产业协作,完善黄山与杭州综合交通网络建设,创新研学等精品项目。

大别山国家级旅游度假区。充实国家级旅游度假区的文化内涵,丰富文化娱乐活动,提升文化、旅游双重功能,增强产品感染力和吸引力。瞄准休闲度假发展趋势,推动大别山国家级旅游度假区建设。依托自然资源和地理区位优势,积极推进安庆大别山主峰国际旅游度假区项目、六安大别山文体康养项目、安庆大别山旅游风景道岳西段建设。

欢乐皖江旅游带。发挥长江黄金旅游通道作用,串联马鞍山、芜湖、铜陵、池州、安庆等皖江城市,提升沿江戏曲、主题乐园、康养度假、生态研学、文化体验、城市夜游、邮轮旅游等文化和旅游产业。创新开发"水陆空"立体化、沉浸式文旅产品体系,打造沿江低空飞行游、滨江自驾游、水上游轮风情游、洲岛深度体验游、沿江避暑康养游特色主题线路,举办"看水景、赏夜景、玩休闲、享度假、逛古城、品文化"等系列主题文旅活动,实现江河联动、水路联动、跨市联动和景区景点联动,努力打造成为长江经济带文化和旅游高质量引领带、具有国际竞争力和全球知名度的黄金旅游带。

国家考古遗址公园。组织繁昌县人字洞遗址、含山县凌家滩遗址、蚌埠市禹会村遗址、寿县寿春城遗址西圈墓地、淮南市战国楚王陵(武王墩墓葬)、繁昌县繁昌窑遗址、凤阳县明中都城等主动发掘项目。推进大遗址保护利用工程,建成含山县凌家滩、蚌埠双墩和禹会村国家考古遗址公园,推进凤阳明中都、淮南市寿县寿春城国家考古遗址公园、安庆市潜山市薛家岗遗址公园、东至县华龙洞遗址公园建设。

引江济淮生态旅游廊道。推进引江济淮生态旅游廊道建设,整治提升途径干线航道,打通铜陵、安庆、合肥、芜湖、六安、淮南、阜阳等地的水陆交通环线和游览航线。依托引江济淮工程沿线资源和水利景区,融合形成枞阳引江枢纽、凤凰颈引江枢纽、菜巢分水岭、派河口、江淮分水岭、引江入淮口、蚌埠闸、西淝河、皖北平原水库九个风貌多样、功能互补、有机融合、依廊联动的旅游协作圈;依托沿线文化资源的多样性和丰富性,积极发展芍陂(安丰塘)、寿州古城、地方民俗等人文旅游项目。规划、拓展城市休闲空间与引江济淮线路有机衔接,布局休闲公园、慢行绿道,策划骑行和跑步类群众性体育赛事,打造贯穿安徽南北的休闲走廊。

"一地六县"生态康养产业融合示范区(安徽)。在"一地六县"战略合作框架下,系统整合广德市、郎溪县的自然资源、文化资源、旅游资源,以安徽扬子鳄国家级自然保护区、广德太极洞国家级风景名胜区、广德邱村省级现代农业产业园、广德603航天博览园、郎溪县沪郎"城市农社"田园综合体、郎溪伍员山国际旅游度假区等项目为着力点,坚持"两山理论"、产业融合、康养休闲发展理念。充分发挥旅游产业集群带动效应,发展生态循环与康养度假产业,带动智慧科技产业发展,实现经济发展和生态保护相互促进,新兴产业融合发展的道路。大力发展旅游休闲、数字创意、健康养生等产业,构建区域旅游大环线,打造吴楚越文化旅游目的地、长三角"后花园"。

抓好品牌创建,推动重点项目。以5A级景区、国家级旅游度假区创建为抓手,依托各市资源禀赋和产业基础,对标国家标准,列入重点项目,形成储备名录,以项目建设推动提质升级,提升我省旅游品牌国际国内影响力。适应旅游休闲街区建设的发展趋势,在现有文化街区、创意园区基础上,新建、续建、扩建系列旅游项目,列入全省重点项目发展序列,做好规划建设、资金跟进。以旅游景区、休闲街区、文博园区等为基础,择优创建一批文化产业和旅游产业融合发展示范区、夜间文旅消费聚集区。

类别	相关项目
5A级景区创建	A. 重点推进类 滁州:琅琊山景区 宣城:泾县云岭景区 池州:石台牯牛降景区 黄山:齐云山景区、新安江百里大画廊景区 B. 培育储备类 亳州:亳州古城(含花戏楼、南京巷钱庄、古地道、华祖庵等) 淮南:寿州古城 六安:大湾村旅游区
国家级 旅游度假区创建	A. 重点推进类 合肥:庐江汤池旅游度假区 黄山:黟县国际乡村旅游度假区 六安:霍山县大别山康养旅游度假区 滁州:全椒古城旅游度假区 B. 培育储备类 亳州:亳州中医药养生休闲旅游度假区 马鞍山:褒禅山香泉旅游度假区 宣城:泾县桃花潭旅游度假区 铜陵:铜陵永泉旅游度假区 池州:东九华旅游度假区 安庆:天柱山旅游度假区
旅游休闲街区创建	A. 重点推进类 合肥:罍街 淮北:隋唐运河古镇旅游休闲街区 亳州:北关历史街区 芜湖:芜湖古城、十里江湾 宿州:砀山古城特色街区

专栏4 "十四五"时期品牌创建重点旅游项目

	阜阳:颍上管仲老街
	滁州:全椒太平古城文化旅游街区
	六安:红街
	黄山:黎阳 in 巷、屯溪老街
	B. 培育储备类
	淮北:临涣古镇旅游休闲街区
	马鞍山:采石古镇文化旅游街区
	宣城:宣州区水东老街
	铜陵:铜陵大通古镇休闲旅游街区
	池州:莲花小镇
	黄山:徽州古城

发展融合项目,夯实产业基础。 实施一批文旅融合重大项目,加快推进已投资的重大文旅融合项目建设进度,积极启动重点部署的文旅融合重大项目,成功打造一批融合程度高、市场反馈好的文旅特色主题小镇、文旅古城古镇古村等融合项目。设立文旅融合发展专项基金,优先支持已投资建设的融合示范项目的公共配套设施。

第一节　提高产业要素水平

构建"徽风皖韵"住宿体系。 引入网红酒店、主题酒店、精品民宿等多元住宿业态,优化星级饭店与经济型酒店结构。在旅游中心城市、产业活力较强地区重点完善高端商务酒店和特色主题酒店,核心景区新增高端文化主题度假酒店,一站式旅游综合体项目;在旅游目的地城市、旅游特色乡村地区发展精品酒店、特色民宿、户外营地等。在合肥都市圈、芜湖、黄山、池州周边发展度假村、度假酒店、旅游综合体为特色的旅游住宿设施。

打造"百城千味"美食体系。 构建不同层次的旅游餐饮体系。鼓励各地开展小吃、零食、宴席、农家菜、药膳等特色餐饮,加强本地菜品与外地菜品的融合创新,开展"百城千味"旅游美食推广系列活动。结合城市休闲游憩空间、特色街区,打造特色美食街区和美食广场,促进旅游餐饮设施集聚化发展。继续实施"安徽美食·百城千味"评选活动,持续提升我省美食的市场关注度,以徽州臭鳜鱼、胡适一品锅、李鸿章大杂烩、芜湖虾籽面、太和板面等徽菜名品为代表,挖掘地方特色和文化传承性,提升知名度和美誉度,关联旅游资源进行市场开发和产业拓展。鼓励美食体验方式创新,推动淮剧、黄梅戏、推剧、花鼓戏、寿州锣鼓等演出活动与美食体验相结合。

完善"快旅慢游"交通体系。 依托外部交通条件改善，构建"快旅慢游"交通体系。加强与高铁沿线区域开展旅游合作，开发高铁旅游产品；改善景区沿线道路，改造提升乡村公路支线，解决乡村旅游公路建设"最后一公里"问题。

建设旅游风景道。建设环黄山旅游公路，形成"皖浙1号"、世界遗产、徽州文化、醉美218、城市环线、经典205、名山秀水、问道探秘、环太平湖、心安月潭十大主题旅游风景道。依托长江黄金水道，建设旅游码头，开通马鞍山、池州长江旅游航线。加快大别山国家风景道、山湖大道、合六南通道、九十里山水画廊及画廊西环线、万佛湖环湖路等旅游道路沿线重要节点游客中心、旅游驿站等公共服务设施建设。建设环巢湖风景道和江淮分水岭风景道，突出江淮地域文化特色。建设池州全域旅游风景道，打造池州318国民公路、九华秘境、秋浦仙境、石台天坑、皖西南1号线五大精品风景道。

优化交通服务。完善提升重要节点道路标识系统，优化自驾游览过程体验。以黄山等为试点探索高速服务区旅游服务功能完善，实现"旅游＋服务区"一站式服务体验，打造国际化、精品化旅游特色服务区。

交通服务智慧化。完善交通大客流应急指挥系统，提升游客与本地居民游览体验；推动线上平台服务便利化，为游客提供多样化交通出行、旅游等综合信息服务，完善汽车租赁全国联网，推动实现一地租车、异地还车。

优化"皖美游礼"购物体系。 加大对生活性旅游商品的开发。充分利用全省资源，如竹木、矿石等，开发家居生活用品，促进旅游者购物。依托现代服务业产业园，孵化培育一批文化创意类企业。加强旅游商品品牌建设。加强旅游商品品牌建设。打造"皖美游礼"系列旅游商品；推进旅游商品商标注册工作，提高品牌价值和影响力。加快旅游商品展示和销售基地建设。设立旅游购物免税商店，发展入境购物。建立5个安徽地产品直销中心。依托国家级历史名城、名镇、名村、名街和中国、省级传统村落，合理规划布局文化特色小镇、文化体验街区、非遗展示销售基地。

专栏 5 各市特色商品规划	
市名	特色商品规划
铜陵市	结合本地特色和资源,重点打造铜工艺品、牡丹系列、生姜系列、地方名点名食和旅游装备等 5 大特色商品。
马鞍山市	围绕李白文化、钢铁文化、历史文化的创意元素,大力开发富有马鞍山特色、浓缩地域风情、沉淀旅游记忆的旅游衍生品。 依托和县蔬菜基地、当涂县水产基地、博望环石臼湖水产基地和相应的乡村旅游景区,马鞍山钢铁博物馆、蒙牛乳业、黄池集团等工业旅游景区,建设原产原销的购物基地。依托郑蒲港外贸码头,发展外贸购物基地。
六安市	围绕红色手工艺、红色农特产品、红色养生产品,打造六安记忆红色特色产品系列,包括红军印象红色纪念品系列、难忘大别山红色特色产品系列。
黄山市	推动徽州四雕、徽墨歙砚、万安罗盘、徽州漆器、徽派盆景等旅游工艺品及黄山名茶、干鲜果、矿泉水、贡菊等农副产品的规模化生产、品牌化开发和国际化经营,在此基础上,遴选 10 种商品进入"安徽旅游必购商品"序列。 依托已有工业企业基础,通过技术改造和创新,支持建设 2~3 个旅游装备制造业基地。
淮北市	推出十大主题"淮北礼物"系列旅游产品。成立旅游商品研发中心,加强与淮北市高校、文创企业的合作,寻找传统手工艺匠人,举办商品设计大赛,构建淮北旅游商品体系,突出地方文化特色,推出文创系列、工业系列、运河系列等旅游商品。
合肥市	大力发展旅游商品,规划建设旅游装备制造业集聚区,推出一批有地方特色的"合肥旅游必购商品"。
阜阳市	研发、销售多措并举,建立"买在阜阳"旅游购物服务体系。将阜阳剪纸、阜南柳编、界首彩陶、颍东刻铜、临泉毛笔、颍上泥人、太和刺绣等一批国家级、省级非物质文化遗产进行文创商品开发,注重旅游商品生活化应用,开发全品类旅游商品,打造伴手礼系列商品体系,构建"阜阳伴手礼"商品品牌。
滁州市	大力开发具有滁州特色的旅游商品体系,培育体现地方特色的旅游商品品牌。

池州市	充分利用优越的生态环境和厚重的历史文化资源,围绕打好九华牌、生态牌、文化牌,推进茶叶、秋浦花鳜、九华黄精、富硒农产品等农特产品深加工、创品牌并向旅游商品转化,大力发展文创产品研发和创意设计,培育旅游商品研发销售企业,打响"池州礼物"整体品牌形象。
亳州市	加大对旅游商品创意设计和老字号纪念品、特色手工艺品开发支持力度,创意设计提升药、酒、非遗等一批带有亳州符号与地域特色的"名、优、特、新"旅游商品,继续建设"亳州有礼"文旅智慧商店。
蚌埠市	实施蚌埠旅游商品品牌提升工程,建立其特色购物体系,加强对老字号商品、特色旅游商品的宣传。
安庆市	建设全域旅游超市,集旅游展示、旅游咨询、票务预订、产品销售、旅游集散等功能于一体;组建商品研发和互联网文创平台,设立安庆国家旅游商品设计中心,打造"安庆礼物"旅游商品系列。
宣城市	围绕文房四宝和非遗产品创新和开发系列文创产品和旅游商品,进一步提升"中国文房·诗意宣城"城市品牌。
淮南市	提高紫金石创意水平,研发适合游客的小型化工艺品;完善寿州窑、紫金陶茶具、文具等陈设品,增强产品实用功能;丰富神话、成语系列剪纸,开发剪纸风格日用品;依托《淮南子》,开发二十四节气系列等艺术品;扶持寿州香包、方便装牛肉汤、休闲豆制品、焦岗湖水产品等淮南特色休闲食品;引导大救驾、金丝徽子、绿豆圆开展质量标准认证,推出适合旅游消费的包装。

丰富"徽集艺品"娱乐体系。 深入发掘地域文化资源,丰富演艺、夜游、乡村、节庆等旅游娱乐要素,发展工艺美术、演艺影视、文化旅游、休闲娱乐、节庆会展等特色产业,培育品牌集群。

深入挖掘各市历史文化、红色文化和时代精神,鼓励非物质遗产活化,发展文化演艺与民俗娱乐。

在各地级市城区及重点景区,在各地级市城区及重点景区,建设一批中小型、主题性、特色类的演艺场所,推出一批灯光秀、音乐喷泉、沉浸式演出等夜间休闲娱乐项目。鼓励各市结合实际,发展以AR/VR体验、密室逃脱、剧本杀等参与度较高的夜间项目。如:在阜阳颍州西湖推出一批"欧苏游湖"夜间演艺;依托《凤阳花鼓》《黄梅戏》等特色艺术歌舞,打造"滁州之夜"品牌;在马鞍山推出以李白为主题的夜间旅游演艺活动;在淮南打造《淝水之战》等大型实景类夜间演艺产品;在池州市杏花村文化旅游区打造"杏花烟雨江南"沉浸式演艺产品。

结合城市滨水空间、文化休闲广场、城市公园等休闲娱乐场所,打造滨水休闲街区、风情酒吧街、文创手工街、美食街等,增加公共空间休闲氛围,导入健身绿道、跳舞广场、音乐公园等项目。

结合乡村民俗,开展庙会、灯会、非遗文化展、马拉松等节庆与节事活动,开发观赏性、参与性、互动性强的娱乐项目。继续办好安徽黄山国际文化旅游节、中国(安庆)黄梅戏文化艺术节、马鞍山中国李白诗歌节、宣城文房四宝文化旅游节、中国(亳州)芍花养生文化旅游节等品牌活动。引进和承办有国际影响力的国际赛事、国际会议论坛,积极争取建设一批永久会址。

第三节 增强市场主体活力

培育壮大旅游市场主体

加大政府制度创新。让市场在旅游资源配置和创业创新进程中发挥决定性作用,鼓励闲置的民用资产(房屋、汽车等)转向商用,鼓励服务当地人生活的市场主体为游客服务,发展共享经济。发挥徽商精神,重视企业家群体和职业经理人阶层的培育,调动整个商业环境的协调互动。建设地方旅游数据中心,为旅游企业提供数据支撑和服务。重视旅游市场主体的声音,使其在全省旅游发展战略格局中发挥更大作用。

鼓励市场主体持续创新。加快构建科技作为内在驱动力和原发力量的组织机制,培育企业的技术创新能力。鼓励旅游企业在市场研究基础上,运用科技、商业手段研发新项目、新产品、新服务,以满足全省旅游发展新需求。

深化景区市场化改革。学习借鉴国内知名景区的成熟做法,打破条块分割,下放管理权限,实行旅游资源所有权、管理权、经营权"三权分置",稳定所有权、管理权,分离搞活经营权,建立权责分明、运转高效的大景区管理体制。对跨区域、跨部门管理的景区,因地制宜、一区一策,建立既能统一管理,又能兼顾各方利益的景区管理运营机制。按照"景区管委会+旅游开发公司"模式,重点景区构建产权明晰、富有活力的市场化经营机制,大景区率先建成符合现代企业制度的经营实体和市场主体。采取有偿委托经营等方式,吸引省内外战略投资者参与大景区开发经营,通过市场化运营,广泛吸引社会资本投入大景区建设,不断提高景区经营管理的规范化和专业化水平。

做强、做优省属国有龙头企业

壮大国有旅游集团规模。鼓励和支持安徽省旅游集团、黄山旅游发展股份有限公司、九华山旅游发展股份有限公司、天柱山旅游发展有限公司、亳州文化旅游控股集团有限公司等旅游企业,通过资源整合和资本运作等多种方式,与市、县(区)政府及企业开展合作,组建混合所有制的旅游集团,打造建设旅游强省的"发动机",对全省旅游资源进行整体开发,全面提升全省旅游资源的开发层次和水平。支持省属文化、农垦、城投等大型国有企业在转型中进入旅游业,发展一批以旅游为新经营领域的企业集团。

提升国有旅游集团实力。加大对省内旅游国企的扶持力度,加速旅游企业间的兼并重组,激发我省旅游国企的活力、控制力、影响力,培育具有区域影响力的国有旅游集团,引导带动其他所有制旅游企业互动发展。

扶持旅游小微企业

全面落实和不断创新小微企业扶持政策,健全和完善小微企业的支持体系。牵头成立旅游小微企业纾困基金,定向用于突发事件影响期间旅游小微企业的租金与贷款贴息。行业组织要发挥协调作用,加快优质"旅游+"产品的引进、研发和落地,助力旅游小微企业"开源"。打造中小微旅游企业孵化平台,强化分类指导,突出特色和质量,扶持一批"小而精、小而特、小而优、小而新"的旅游企业。营造自强不息、和合向善的社会风气,允许企业先行先试,鼓励其寻求低频消费与高频消费有机结合的新模式。建设旅游创客示范基地,加强政策引导,吸引更多旅游、文化、艺术、科技领域知名人士建立工作室,促进创意资本向旅游业流动,丰富旅游活动内容,提升旅游文化内涵,增强旅游小微企业的自我发展能力。

实施旅游创业就业计划

支持旅游产业发展孵化器建设。开展安徽省旅游文创示范园区、旅游科技示范园区、旅游创业示范园区和示范企业、示范基地建设。举办安徽省旅游创新创业大赛,推动旅游共享经济商业模式创新。

建设旅游就业需求服务平台。完善高校毕业生、城镇登记失业人员、进城创业农村劳动者、网络创业以及小微企业等重点群体创业就业税收优惠政策。拓展天使投资、创业投资等旅游创业创新投融资渠道,稳步推进股权众筹、网络借贷等众筹方式。

完善居民参与旅游发展利益共享机制。鼓励旅游企业为当地居民提供工作岗位和就业机会。实施农民工返乡旅游创业、青年旅游创业、乡村旅游带头人创业、高层次人才旅游创业、留学回国人员旅游创业五大计划,实施旅游业融资绿色通道计划。制定安徽省旅游就业优先战略行动方案,引导高校毕业生就业,援助困难人群就业,引导农村劳动力就地就近就业。加强全省旅游人才职业教育培训,鼓励表彰旅游就业先进单位和个人。降低旅游创业就业门槛,加大旅游创业就业财政支持力度,强化旅游业金融服务力度。

第四节 提升公共服务效能

完善基础设施服务体系

优化旅游航空网络体系。对外加强与上海虹桥、上海浦东、南京禄口、杭州萧山等国际机场交通衔接,建设禄口机场—蚌埠/滁州/马鞍山/芜湖/宣城、萧山机场—黄山快速旅游通道,加快推进九华山机场对外开放,推动融入长三角世界级交通体系。对内优化航路航线网络结构,加快建设新增支线机场和通用机场到主要旅游景区(点)的旅游快速通道。利用区域高铁和城际铁路网络,连接重要机场,打造航空铁路联运工程。

加强高铁路网的旅游功能。加强同高铁沿线省份的合作,强化京沪高铁、京福高铁、商合杭高铁、郑合高铁、合安九高铁、杭黄高铁、武杭高铁、皖赣铁路安徽段路网的旅游功能,培育高铁旅游线路。完善城市和景区轨道系统,强化合肥、蚌埠等市的高铁交通枢纽地位,提升纵向、横向交通衔接、换乘功能。

完善公路路网布局。以京台、连霍、济广、宁洛、沪陕、沪蓉、宁芜、沪渝、杭瑞等国家高速为主轴,以徐明、泗宿、天潜、常合、溧芜、溧黄、铜宣、宣桐、黄浮、岳武、滁新、宿登等省级高速为骨架,打造区域高速公路主通道。实现高速公路覆盖所有县域,二级及以上公路通达重点旅游乡镇、旅游特色小镇。完善高速公路和国道、省道服务区信息咨询、餐饮购物、住宿、医疗卫生等旅游综合服务功能。加强旅游公共交通服务和汽车连锁租赁等旅游交通换乘系统建设,确保3A级以上景区和省级以上旅游度假区实现与航空、高铁等高速交通服务体系的无缝对接。加强支线旅游交通和通景道路建设,推动城市公交服务网络延伸到周边主要景区和乡村旅游点。

创新水道旅游利用模式。提高干线航运能力,加强同长江、淮河沿线省市的旅游合作,发展内河邮轮。开设内河旅游专线和游轮、游艇等多种形式的旅游活动。积极发展湖泊旅游。

健全"空、铁、路、水"等多种方式联程运输。以合肥为主枢纽,以其他城市机场、高铁站点、汽车站点为次枢纽,以各通航旅游小镇、特色乡镇、自驾营地等为体验枢纽,构建多节点、网格状、全覆盖的综合性旅游交通服务体系。

持续推进旅游厕所建设改造工程。到2025年实现主要旅游景区、旅游集散中心、旅游休闲娱乐场所、旅游风景道沿线旅游厕所数量充足、干净无味、实用免费、管理有效。提升旅游厕所建设品质,推动增加母婴专用卫生间、残障人士专用卫生间、第三卫生间等设施,完善旅游厕所功能。

提升旅游集散服务体系

外部集散服务体系。发挥合肥外部交通优势,打造全省外部集散中心,与上海、南京、杭州、武汉、郑州等地实现零距离换乘。完善合肥智慧信息咨询、免税购物、旅游配套酒店、休闲娱乐、旅游产品交易、汽车租赁服务等一站式旅游服务,构建辐射长三角、武汉城市群、中原经济区的旅游集散服务体系。

内部集散服务体系。一级集散中心。建设合肥、黄山、芜湖、蚌埠、阜阳、亳州等省级集散中心。重点提升合肥在统筹全省南北转乘中的重要作用,实现合肥在内部旅游集散体系中的绝对统领地位。二级集散中心。建设淮南、宿州、六安、安庆、池州、宣城、马鞍山、滁州、铜陵、淮北旅游集散分中心。旅游集散点。依托重点旅游乡镇、重点旅游景区、旅游聚集区建设旅游集散点或游客服务中心,实现旅游服务功能从景区景点向全域覆盖;逐步推进机场、火车站、汽车站、公交车站、主要景区的无缝对接。

构建旅游信息服务体系

完善"游安徽"App功能,强化旅游市场需求大数据分析应用系统。增加民宿、农家乐、星级饭店、旅行社、旅游厕所、停车场等有关数据,提升平台移动端服务功能,推进小程序在游客购票、AI图像识别、停车缴费、景区营销、指挥调度等各类旅游场景中的开发与应用。依托我省"游安徽"App,建立旅游市场需求调查分析系统,提升对游客需求的精准捕捉能力和对旅游供给的精确打造能力,实现大数据系统与平台构建服务于游客的全过程、全体系价值链。

构建管理数字化集成旅游云。提升我省旅游大数据中心建设水平,推进市、县(区)级旅游大数据中心建设。到2025年全省市级、重点旅游县(区)县级文化和旅游主管部门建成旅游大数据中心。推进省、市、县(区)三级旅游数据中心数据统一、衔接和共享工作,实现省级引领、部门支持、基层跟进及旅游企业纵向一体化发展。推动各市、旅游重点县(区)到2025年建成旅游产业运行监测平台,实现对省、市、县(区)域旅游产业进行智慧监管和应急指挥。

构建全域旅游智慧化支撑体系。推进智慧旅游城市和智慧旅游乡村建设,智慧旅游省级资源共享、数据共享,减轻市、县(区)两级投入。到2025年,3A级以上景区、旅游度假区、旅游特色小镇等建成智慧旅游区。构建智慧交通旅游系统,开展交旅一体化服务和协同监管;探索客运票务、景区票务等"一站式"服务;促进交通运行监测平台和全域旅游大数据融合,打造旅游交通信息一体化发布平台,为公众提供便捷高效的旅游交通信息服务。

构建全域化旅游信息咨询服务体系。在主要交通出入口、车站、国家3A级以上景区设立旅游咨询服务中心,在游客集中的场所设立旅游信息咨询平台和自助信息查询系统,构建"咨询中心+咨询台+自助终端"的全域化旅游咨询服务体系。

第六章 改革创新 迈向发展新台阶

第一节 创新发展理念

"十四五"时期,从美丽风景向美好生活转变是市场发展的主要趋势,要正视产业实践中的现实问题,主动研判产业发展趋势,通过理念创新,落实发展新模式。

发展模式:由访客导向转向主客共享。推广共享理念,实现从美丽风景资源驱动到美好生活市场导向的转变。在全省扎实打造一批生活要素完善、环境品质优良的目的地成功案例,向全省推广。组织全省市、县(区)旅游主管部门进行理论培训,结合旅游发展阶段与区域特征,推广共享理论。

发展视野:由景区依赖转向全域统筹。推广全域旅游理念,实现从卖美丽风景到卖美好生活的附加值提升。关注整个区域的旅游软硬件设施的完善和生活氛围的打造。对出游力旺盛、基础设施完善的皖南和合肥周边区域,更多关注商业、服务等软环境的优化提升,在美好生活的品质上下功夫。在皖北地区,借助政策、资本等外部力量,完善区域公共服务等基础设施,逐步培育美丽风景衬托中的美好生活氛围。以全国全域旅游示范创建单位的验收为契机,严格执行《全域旅游示范区创建工作导则》,通过"宽进严选、统一认定""有进有出、动态管理"等验收评选原则,优进劣退,将全域旅游理念真正落实到示范区的发展中,将全域的视野推广到地方旅游发展的实践中。

发展理念:由外延扩张转向内涵挖掘。推广务实的发展理念,杜绝运动式的、资本堆砌式的旅游造景行动,深挖当地的自然基因、人文基因以及由此形成的生活特质,依据特有的发展脉络,并辅以政策、资本等外部力量,使其自然生长。遵循客源市场的发展规律和趋势,以美丽风景为生态本底,完善基础设施、商业环境和服务水平,提升美好生活品质,为游客营造宾至如归的旅游休闲氛围。

发展导向:由片面关注产业发展转向人民获得感提升。发展优质旅游,以满足新时代人民的旅游美好生活需要为根本出发点,走内涵式、高渗透融合发展之路,做好"旅游+生活""风景之上是生活"的文章。旅游产品供给,要指向有品质、有温度、可以分享的生活。旅游宣传营销,不宜追求空洞的口号,应以"享受生活"为主线延伸。编制优质旅游专项规划,将"旅游+"等内容作为各市、县(区)旅游发展总体规划的常规内容,有针对性地做好优质旅游创新发展的专题培训和人才培养工作。

第二节　创新科技应用

整合优化智慧旅游平台,构建智慧旅游新体系

打造智慧旅游管理和服务平台。加快建设和完善全省旅游政务网、办公自动化OA管理系统、旅游通讯录管理系统、旅游诚信管理系统、旅游移动执法系统、游客动态监测管理系统、旅游业务统计分析系统、旅游气象风险管理平台、游客引导管理系统、旅游运行监管调度系统、景点视频监控系统等,促进各市旅游信息联通,提高旅游管理效率和信息化水平。到2025年,各市、县(区)建成包括旅游电子政务网服务云、政务大数据平台、大数据库和基础信息资源库在内的统一信息化支撑体系,实现各市、县(区)在全省旅游业统一的信息化支撑体系上构建业务应用,各市、县(区)所有系统数据全部接入全省大数据库。整合全省旅游景区、乡村旅游点等资源,多渠道获取我省食、住、行、游、购、娱等要素信息,综合利用运营商手机信令数据、政府部分数据、第三方GIS地图数据、主流OTA数据、社交网络数据等资源,构建我省旅游大数据服务体系。

深入推进智慧旅游城市、智慧旅游景区、智慧旅游饭店创建工作。到2025年,全省3A级以上景区和4星级以上饭店建成智慧旅游景区和智慧旅游饭店,A级旅游景区实现免费无线网络全覆盖。完善智慧旅游公共服务体系,在机场、车站、码头、旅游饭店、景区景点、旅游购物店、游客集散中心等主要旅游场所提供旅游信息互动终端,完善旅游预订购票、信息查询、投诉建议等功能。大力发展旅游电子商务,支持旅游企业在网络交易平台开设旗舰店、专卖店,扩大旅游产品网络营销规模。

深化重点旅游景区智慧化管理。推进重点景区基础设施建设,完善生态休闲、文化娱乐、购物游乐项目配套,加强景区监控摄像头、烟雾传感器、无线Wi-Fi、电子围栏、人脸识别闸门等感知体系建设,推进电子讲解和智慧导游全覆盖。完善全省4A级以上旅游景区地理信息系统、景区视频监控系统、景区客流监测系统,启动游客轨迹系统、客源分布热力图、网络评价分析系统等功能的研发。

推动旅游相关信息互动终端建设。以合肥新桥机场、黄山屯溪机场、安庆天柱山机场、阜阳西关机场、九华山机场为核心,串联各市高铁站/火车站、酒店、景区景点、旅游购物店、游客集散中心以及高速公路服务区等主要旅游场所和交通中转场所,提供PC、平板、触控屏幕以及多维信息展览等旅游信息互动终端,完善旅游信息查询和在线互动功能。

开展数字旅游云服务,深化沉浸式旅游体验

加大对"云旅游""云景区""云展馆""云娱乐"等旅游新业态的产业政策支持,加速"互联网+"、大数据、虚拟现实等数字新技术在旅游领域的应用和推广,提升旅游业管理、营销、服务、体验的信息化水平。

利用全息技术、虚拟现实等现代科技,提供沉浸式旅游全过程体验。通过全息餐桌、全息投影+数字展厅、AI游记助手、AI技术+导览、VR酒店-房间投影、激光投影、3D超大全息幕等场景营造,推进旅游产业要素与现代科技的深度融合。

挖掘我省红色文化、民俗文化、生态文化等特色文化,加强红色遗址、文化遗址、古建筑群等国家级、省级文物古迹保护性开发,探索利用360度全景、虚拟现实等沉浸式体验技术再现文物原貌与历史场景。例如亳州曹操运兵道场景的全息影像呈现、大运河建设场景的全息影像呈现等。

重点布局旅游智能装备制造产业

依托合肥、芜湖、马鞍山等工业产业基础,发展旅行生活智能装备制造和智能游乐装备制造产业,推动与中国游艺机游乐园协会共建"中国游戏游艺产业基地"。绘制旅游智能装备制造产业地图,围绕旅游智能装备制造产业链,布局旅游智能装备制造相关产业,引入品牌企业,培育本地企业。

优化信息技术支撑,完善安全监管体系构建

完善监测管理体系制度建设。依托生态环境监管平台和大数据,运用云计算、物联网等信息化手段,加强自然保护地监测数据集成分析和综合应用。对自然保护地内基础设施建设、矿产资源开发等人类活动实施全面监控。实行最严格的生态环境保护制度,强化自然保护地监测、评估、考核、执法、监督等,形成一整套体系完善、监管有力的监督管理制度。

建立预约游览制度。适应安全卫生防控、最大承载量等制约,积极推动预约游览制度普遍化,促进计划出游和有序游览。推进预约分流推荐系统构建,加强黄山风景区、宏村景区、芜湖方特旅游区等客流量密集的旅游目的地拥挤程度提醒、安全防护监管以及接待疏散等系统的完善。

第三节 创新品牌营销

打造最美皖南、欢乐皖江、红色大别山、休闲皖中、风情淮河、传奇皖北6大板块旅游目的地品牌。塑造"山水皖南、文化徽州"为主题的最美皖南品牌,突出山水休闲旅游。打造"皖转长江,欢乐天堂"为主题的欢乐皖江品牌,突出生态休闲度假旅游。塑造"生态六安、红色皖西"的红色大别山品牌,突出红色生态旅游。塑造"锦绣山湖、华彩皖都"为主题的休闲皖中品牌,突出都市休闲旅游。塑造"淮河画廊,皖韵悠长"为主题的风情淮河品牌,突出生态观光休闲旅游。塑造"黄淮沃野、传奇不息"为主题的传奇皖北品牌,突出文化生态旅游体验。

构筑立体组合营销体系。探索建立省、市两级旅游新闻发布制度。探索政府资源与企业资源、省级资源和地方资源的整合途径,促进旅游品牌形象传播与旅游产品营销的高效联动,促进省、市、县(区)三级营销的有机整合。运用自主营销与合作营销、委托营销、代理营销相结合的多元营销模式,制定实施更有针对性的市场营销策略。利用旅游大数据,科学分析研判旅游市场,打造广播、电视、报纸、多媒体等传统渠道和移动互联网、微博、微信、微视频、数字旅游、影视植入、在线预订等新技术渠道相结合的营销体系。深化和旅游主流网络平台的合作,广泛开展网络宣传活动。联合主流媒体开展以"乡愁、乡韵、乡趣、乡味、乡音"为主要内容的乡村旅游集中宣传、展示和推介活动。

拓展营销渠道。围绕安徽国际客源市场,通过政府和企业两个渠道,开展多种形式营销推广活动,实施精准营销。

建立政府、行业、企业多元主体联合营销机制,坚持政府主导目的地品牌营销,市场主导产品品牌营销,细分客源市场,拼盘开展国际与全国性强势媒体营销,组团开展"走出去""请进来"等面向国际市场的推广项目。在国外客源城市、重点旅游区/度假区设立旅游推广中心,形成覆盖重点客源地和新兴市场的推广网络,借助文化和旅游部驻外办事处和国外旅游传媒机构,宣传推广全省旅游城市和旅游产品。充分利用外事、商务、侨务、对台、文化、出版等对外宣传渠道,广泛开展我省旅游品牌宣传推广活动。改革入境游地接奖励政策,实行绩效挂钩,创新入境游市场激励机制。推动区域整合营销。

面对国际国内重点旅游市场,发挥长三角旅游营销联盟作用,持续推进"七名"国际精品线路、杭黄国际旅游精品线路、"高铁+"等区域主题产品的宣传推广,策划开展长三角"一地六县"区域旅游宣传推介等活动,畅通长三角文旅市场小循环,共同推进长三角区域成为国内市场大循环的中心节点、国内国际双循环的战略链接。

突出皖南国际文化旅游示范区、长江经济带、大运河文化公园、大别山革命老区、合肥都市圈、淮河经济带等区域,整合吸引物元素,推出主题产品线路,推动区域联合营销。定期推出主题营销。根据季节变化、消费趋势、消费时尚、社会热点话题等,组织策划主题营销,支持和推动各市举办一批针对重点市场的主题节庆活动,进一步加大特定市场的新产品新业态的市场营销力度。

实施融媒体营销。加强与国家媒体、省重点媒体、沪苏浙重点媒体合作;整合省市县文旅部门和重点企业"双微"平台,拓展宣传推广阵地。鼓励电商平台拓展"旅游+地理标志产品+互联网+现代物流"功能,扩大线上销售规模。鼓励采用网络直播、网站专题专栏、小程序等线上营销方式,推介安徽省文旅精品线路。

做好各类展会和节庆活动。积极参加国际、国内重要旅游会展,及时推广、交易旅游产品。办好文化旅游产品和项目推介会、旅游商品展示交易总会。积极参加客源地各类推介活动。鼓励地方以市场为导向举办各类旅游节庆活动。大力推进跨区域资源整合,支持旅游节庆活动结合文化、体育、经贸等各类相关活动共同举办,形成宣传推广的集聚效应。积极探索建立营销绩效第三方评估制度,切实提高旅游营销活动和节会活动的综合效益。

第四节 创新体制机制

建立区域旅游合作机制。 确立空间整合机制。以地区合作为基础构建旅游规模经济,确定区域旅游发展的方向及思路,以地区为单位对区域旅游经济进行规划与开发,实现旅游资源要素优化配置。根据地理区位、交通运输、城市服务、旅游资源等要素,确定各地区单位在区域旅游空间中的功能与角色定位,构建旅游产业协作体系,通过地区分工与专业化生产,降低旅游供给的同质性,提升区域旅游规模经济水平。确立合作开发制度。全面改革区域旅游生产组织模式,

将跨地区旅游合作区建设纳入区域发展规划中,以政策开放引导地区间旅游融合;组建由地区旅游管理部门组成的旅游开发与合作管理机构,由各地区协商确定旅游合作发展决策,制定区域旅游相关规划及配套方案;组织跨地区旅游协作议事制度及机构,落实旅游合作发展决策。

建立健全监督检查机制。 探索建立旅游发展目标任务考评机制。各市、县(区)人民政府要加强对有关目标任务落实的跟踪、监督、检查和评估,把旅游绩效考核结果作为评价各地主要领导干部和班子政绩的参考,并纳入县域经济考核排名的指标体系之中;对重点项目、重要工作实行领导干部分包责任制,并纳入年度考核。建立健全激励约束机制,对推进旅游发展贡献突出、成绩显著的地方部门和个人,按照国家相关规定给予表彰奖励。定期开展重大旅游项目落地、旅游基础设施建设等重点工作的督促检查和考核,每年确定一批旅游项目为重点督促检查对象。

建立新型市场监管机制。 继续优化提升旅游市场综合监管机制,按照"政府主导部门联动、各司其职、齐抓共管"总体要求,建立健全旅游综合协调、旅游案件联合查办、旅游投诉统一受理等综合监管机制,统筹旅游市场秩序整治工作。以专项整治与综合督查相结合,以严厉打击与长效机制相结合,积极推进旅游市场综合监管,公安交通运输、商务、发展改革、旅游、市场监管、税务等部门负责组织和联合开展对"不合理低价游"、强迫和变相强制消费、违反旅游合同等违法违规行为和"黑社""黑导""黑车""黑店"等非法经营行为的监督检查和查处。加强部门间对旅游市场违法违规行为的信息沟通,强化联合执法协调监管相关工作机制,提升综合监管效率和治理效果,促进

全省旅游市场主体合法经营,有效规范旅游市场秩序、净化旅游消费环境。

重点构建以信用为基础的新型市场监管机制,配合国家信用立法,从完善严重失信名单管理办法、开展信用评价、实施信用分级分类监管等重点环节和领域入手,全面推进文化和旅游市场信用体系建设,为文化和旅游市场高质量发展提供保障和支撑。

完善旅游公共安全与救援机制。建立安徽旅游安全与应急救援工作机制,指导各市旅游安全与应急救援体系建设,负责全省旅游安全与应急救援重大信息的接收、处理和上报,编制旅游应急救援预案,开展培训等。完善旅游安全和突发事件预警机制,加强对全省旅游景区、酒店、餐饮、文化娱乐场所、交通节点以及游客集聚地等的视频实时监控,并做好应急、气象、交通、自然资源、生态环境等部门的公共安全信息共享工作,及时做好旅游安全事故与突发事件的提前研判、上报和应急准备工作,提高对全省旅游安全和突发事件预警能力。推动在具备条件的3A级以上旅游景区建设自动气象站和预报预警信息传播设施。及时发布灾害性天气预报预警信息,联合发布灾害性天气旅游风险提示。推动气象预警信息面向省、市、县三级旅游管理部门责任人全覆盖。及时做好旅游安全和突发事件的应急响应,发生特别重大、重大旅游突发事件,分别启动Ⅰ级、Ⅱ级应急响应,对于较大、一般旅游突发事件,分别启动Ⅲ级、Ⅳ级应急响应。编制应急救援资源分布图谱,开展旅游安全保险、救援及事故协调处理,以及灾害事故的评估和分级等事宜。

第七章 监管并举 完善治理新保障

第一节 加强组织领导

建立部门联动机制。进一步明确各级党委、政府的主体责任。整合全省旅游资源,将各板块旅游资源,以及涉旅的农业、林业、水利和住建等部门的资源进行统筹规划、经营和管理,形成合理的利益分配机制,通过各部门通力合作,做大、做活、做强旅游市场。强化市、县(区)政府发展旅游的主体责任,构建省、板块、市、县(区)四级联动,强力推进旅游发展的保障机制。

完善综合协调机制。以"多规合一"思路增强规划的统一性、权威性和长效性,全面推进旅游规划与城乡总体规划、土地利用规划等的协调衔接,增强旅游发展合力。充分发挥规划的引领作用,提升旅游规划科学性,强化旅游规划的执行力,提高规划的实施效率。加强旅游的组织领导和协调,结合实际,完善横向协调机制,优化纵向联动体系,逐步建立健全上下一致、齐抓共管的旅游综合协调机制。

第二节　完善市场治理

推动旅游市场治理能力提升。以旅游强省思维、开放理念、法治意识,推动旅游强省现代治理体系建设。高度重视制度建设和政策创新,按照《中华人民共和国旅游法》,推动旅游管理权责的制度化、规范化、透明化,提升行政效率,做好各部门间、省和市、政府和企业等协调沟通,推动旅游市场治理能力提升。

建设多元化旅游治理队伍。加强以政府和企业为主的多元化旅游治理队伍建设,发挥政府和企业在旅游市场治理中的协同作用。政府在立法、执法和监管方面发挥主体作用,形成政府部门协作配合的综合治理队伍。企业在旅游市场自治中发挥主体作用,大型旅游企业要带头做好市场治理。发挥好学校、社区、街道等机构的教育、监督功能。实行旅游职业资格准入制度,加强旅游从业者职业培训,做好服务过程监管。构建多层次的行前教育、行中引导、行后总结等系列制度,在全省范围内形成文明旅游的社会氛围。

制定治理效果评价制度。制定科学的旅游市场治理效果评价制度。坚持游客主体地位,高度重视游客满意度在旅游治理评价中的重要作用。发挥市、县(区)政府和各级文化和旅游主管部门的积极性,跟踪摸底省级重点旅游城市的旅游市场秩序综合水平指数。建立旅行服务业服务质量评价指标体系,对从事旅行社业务的旅游企业进行科学评价,并通过媒体向社会发布。建立导游荣誉制度、导游从业服务档案制度和旅游从业人员科学评价体系。

第三节　强化人才保障

建立安徽旅游智库。编制实施《安徽省"十四五"旅游人才发展规划》。搭建旅游人才平台,实施高端人才培养与引进计划。加强青年旅游人才培养,设立省青年旅游创业基金。设立安徽省旅游智库,邀请省内外专家学者为安徽旅游业发展提供决策咨询。加强对全省旅游业的科学研究,增加旅游科研投入,在省内形成2~4个旅游学术高地,扩大本省旅游研究的整体影响力。鼓励旅游企事业单位与高校及科研院所建立长期合作机制,促进旅游科研成果的有效转化。

推行"人才兴旅"战略。大力发展旅游教育,支持安徽师范大学、安徽大学、黄山学院、合肥学院等高等院校做大做强旅游专业,建设高水平旅游专业院校。在合肥、黄山、池州、芜湖、安庆、亳州等重点旅游城市建立旅游人才培养基地,健全完善各层次旅游人才培训机制,探索建立健全网上培训渠道。支持省内高校和相关机构开展旅游基础理论与应用研究。与组织、人社等部门密切合作,将旅游人才培训纳入本地区人才和就业等培训计划。根据需要,适时组织从业人员赴境外培训。

实施旅游人才培训计划。与知名院校合作,采用灵活方式,培育旅游饭店、旅行社和景区等职业经理人队伍。建立具有安徽特色的旅游职业资格认证和职称评定制度。开展初级人才普及性教育与培训,坚持先培训、后上岗,完善从业人员持证上岗和岗位培训制度,把旅游培训与宾馆饭店星级评定、旅行社管理、导游员管理、A级旅游区(点)评定相结合,实施培训达标制度,定期举行全省导游大赛和星级饭店服务技能大赛。强化导游队伍培训,建立导游员(讲解员)等级评定制度,打造"金牌导游员"队伍。

第四节 严格耕地保护和节约集约用地

深入贯彻习近平生态文明思想和习近平总书记关于耕地保护和土地节约集约利用重要论述指示批示精神,认真落实党中央、国务院及省委、省政府关于加强耕地保护和土地节约集约利用决策部署,对照《国务院办公厅关于坚决制止耕地"非农化"行为的通知》等要求,采取有力措施,强化监督管理,落实好最严格的耕地保护制度,坚决制止耕地"非农化"行为。严格执行国土空间规划,确保各类旅游项目建设与国土空间规划全面对接,与生态保护红线、永久基本农田、城镇开发边界等空间管控边界不冲突。秉承集约节约用地原则,加快盘活闲置土地资源,切实提高资源配置效率,保障旅游建设用地,不断提高文化和旅游领域土地节约集约利用水平。

第五节 优化政策环境

加强旅游业发展用地、金融、投资、财税、人才等政策支持,形成发展合力。发展改革部门会同文化和旅游等部门,做好重大旅游项目立项和实施,推进国家文化公园、旅游景区和度假区、旅游休闲城市和街区、红色旅游、乡村旅游、智慧旅游等建设。财政部门会同文化和旅游部门加大对旅游公共服务设施、旅游宣传推广、文化和旅游消费等方向的资金保障力度,发挥好旅游发展基金作用。自然资源部门充分考虑常住居民和旅游人口需求,特别是世界级旅游景区和度假区建设,对旅游用地做出专门安排,重点保障旅游公共服务设施土地供给,优化经营性旅游项目用地政策,推广乡村旅游"点状供地"政策,加强对自驾车旅居车营地等用地政策保障。交通部门完善旅游交通体系,打通高铁、城际铁路、民航、高等级公路等大动脉交通体系,畅通主题线路、风景道、骑行道、步行道、内河航道(码头)等微循环网路,构建"快进慢游"的旅游交通格局。金融管理部门为旅游企业上市融资、再融资和并购重组创造条件,拓展旅游企业融资渠道,支持旅游企业通过发行公司债券和资产支持证券等方式进行融资,创新贷款担保方式。

参 考 文 献

[1] 刘建国.旅游景区游客满意度与出游决策[M].北京:社会科学文献出版社,2019.

[2] 杨丽娟.游客满意度、行为意向与古镇民宿旅游产品创新[M].北京:科学出版社,2016.

[3] 李晓莉,保继刚.期望、感知与效果:来自奖励旅游者的实证调查[J].旅游学刊,2015,30(10):60-69.

[4] 孙小龙,林璧属,郜捷.旅游体验质量评价述评:研究进展、要素解读与展望[J].人文地理,2018,38(1):143-151.

[5] 谢彦君.基础旅游学[M].北京:中国旅游出版社,2011.

[6] 贾英,孙根年.论双因素理论在旅游体验管理中的应用[J].社会科学家,2008(4):92-95.

[7] 司婕.智慧旅游大数据研究[J].现代商贸工业,2018(36):21-22.

[8] 杜权.智慧旅游专题研究[R/OL].(2014-02-06).https://www.docin.com/.

[9] Mayo E J, Jarvis L P. The psychology of leisure travel[M]. Boston:CBI, 1981.

[10] 保继刚,楚义芳,彭华.旅游地理学[M].北京:高等教育出版社,1993.

[11] 黎洁,赵西萍.美国游客对西安的感知研究[J].北京第二外国语学院学报,2000(1):51-55.

[12] Lennon R, Weber J M, Henson J. A test of a theoretical model of consumer travel behaviour: German consumers' perception of Northern Ireland as a tourist destination[J]. Journal of Vacation Marketing, 2001, 7(2):127-134.

[13] Decrop A. Vacation decision making[M].舒伯阳,冯玮,译.大连:东北财经大学出版社,2005.

[14] 白凯,马耀峰,游旭群.基于旅游者行为研究的旅游感知和旅游认知概念[J].旅游科学,2008,22(1):22-28.

[15] 张熙,裴培.创意旅游游客感知满意度分析[J].合作经济与科技,2015(22):22-24.

[16] 李国平,叶文.游客感知"灰度区"的旅游形象策划初探:兼曲靖市旅游形象策划[J].人文地理,2002,17(4):34-37.

[17] Nina K. Exploring tourists' images of a distant destination[J]. Tourism Management, 2007, 28(3): 747-756.

[18] 史春云,张捷,尤海梅.游客感知视角下的旅游地竞争力结构方程模型[J].地理研究, 2008, 27(3): 703-714.

[19] 张佑印,顾静,胥娜娜,等.国家级文化产业示范园区国内游客旅游感知分析:以西安曲江新区为例[J].社会科学家,2011(1):75-78.

[20] 徐小波,赵磊,刘滨谊,等.中国旅游城市形象感知特征与分异[J].地理研究,2015, 34(7): 1367-1379.

[21] 陆林,焦华富.山岳旅游者感知行为研究:黄山、庐山实证分析[J].北京大学学报(哲学社会科学版),1996(3): 41-46.

[22] 解杼,张捷,刘泽华,等.旅游者入游感知距离与旅游空间行为研究:以江西省龙虎山为例[J].安徽师范大学学报(自然科学版),2003, 26(4): 396-400.

[23] 白凯,马耀峰,李天顺.环境感知因素对旅华背包客旅游决策行为影响研究:以西安为例[J].旅游学刊,2006, 21(5): 48-52.

[24] 陈志军,黄细嘉,范桂辰.旅游感知视角下红色旅游地满意度评价:以井冈山为例[J].企业经济,2014(11): 97-101.

[25] 白丹,马耀峰,刘军胜.基于扎根理论的世界遗产旅游地游客感知评价研究:以秦始皇陵兵马俑景区为例[J].干旱区资源与环境,2016,30(6): 198-203.

[26] 孙莉,梅海峰.基于IPA分析法的顾客满意度调查研究[J].长春师范大学学报,2014,33(3):8-10.

[27] 刘建国,晋孟雨.基于IPA方法的北京历史古迹景区游客满意度分析[J].北京联合大学学报,2018(1):116-122.

[28] 杨微微,胡晓.基于IPA分析法的西双版纳野象谷景区游客满意度研究[J].西南林业大学学报,2015(3):73-77.

[29] 乔海燕.关于构建旅游公共新信息服务系统的思考[J].中南林业科技大学学报,2012,6(2):27-29.

[30] 金卫东.智慧旅游与旅游公共服务体系建设[J].旅游学刊,2012(2):5-6.

[31] 李萌.基于智慧旅游的旅游公共服务机制创新[J].中国行政管理,2014(6):64-68.

[32] 凌常荣,周曦.康养旅游发展与后发地区乡村振兴研究:以广西"东巴凤"地区为例[J].经济论坛,2018(3):73-78.

[33] 蔡家成.康养旅游的重大意义和性质特征[J].中国旅游报,2017(3):23.

[34] 卜从哲,徐晶.我国康养旅游市场开发的必要性和可行性分析[J].河北企业,2018(4):76-81.

[35] 袁境.四川雅安:康养与旅游融合发展的路径选择[J].当代县域经济,2015(7):25-27.